小池政就 Masanari Koike

中国のデジタルイノベーション
——大学で孵化する起業家たち

JN053488

岩波新書
1931

はじめに

　灰色の宿舎の建物は古くて埃っぽく、エレベーターも付いていない。階段を上った先にある六階の部屋にはブラウン管のテレビが一つ。トイレにはウォシュレットなど無く、使ったペーパーは水に溶けないのでゴミ箱へ。近くのガラクタ置き場のような店で買った中古自転車で事務所へ向かう。昼には一つ約10円の餃子をたらふく食べ、屋外の錆びた鉄棒で運動してまた宿舎の部屋へ帰る。テレビの粗い画面で国営放送のニュースを観るもすぐに飽き、チャンネルを回して抗日ドラマを避けながら行きついた先は、監視カメラが捉えた交通違反者や犯罪者が罰せられるという番組だった。春秋の夜は肌寒いというのに暖房は付かず、厚着したまま布団の中で丸くなって寝る。

　これが、2018年、筆者が北京に着いてからしばらくの生活だった。

　ある日、汚れた衣服がたまったので洗濯に向かった。宿舎内ですぐに洗濯機は見つかったものの使い方が分からない。ボタンも無いし表示板も見当たらない。無料ではないとは思うのだがお金を投入する場所もどこにもない。仕方なくコンセントを抜いてもう一度差してみるも変化なし。見回してみてみると QR コードが

貼ってある。当時は製品管理のためかと気に留めることもなく、再度全体を調べるが何も出てこなかった。そこで誰かに聞こうと思い携帯電話のカメラで洗濯機を撮影しようとした時、QRコードが反応し「ウィーチャット」(微信、WeChat)という日本のLINEのようなSNSのダウンロード画面へと誘導された。

　ここが、現代版もう一つの中国への入口だった。

　ウィーチャットの登録および銀行口座との紐付けは個人情報や証明書類を要求されるので躊躇したが、手続きを進めた先には洗濯だけでない利便性が広がっていた。雑貨や電化製品等はショッピングアプリで無数の種類から選ぶことができ、2000km超離れた広州から北京まで商品も注文から2〜3日で受け取れる。その間商品がいまどこを移動しているのか地図で示されるし、商品を受け取って確認してからの決済なので安心感がある。移動には道端にある新しい自転車をスマホで解錠して使うか、道路を走っている普通の乗用車もいわば白タクのように配車アプリを通せばタクシーに早変わりとなる。部屋では好きな動画や音楽を楽しめるのはもちろん、楽器もスマホとBluetoothで同期すれば、アプリで指し示す鍵盤や弦を弾くだけでそれらしく演奏できてしまう。また小腹が空けば、ハンバーガーから火鍋まで選び放題で注文し、輸送費もほとんどかからず届けてもらえる。一度利便性を知れば元の生活に戻ることは難しく、さらに使うほどに割引や

信用スコア向上による優遇金利の付与等でメリットが増していく。デジタル・デバイドなどどこ吹く風で、これらを使う者とそうでない者との格差は開いていく。

　大都市の商業施設やオフィス街などを除けば昔ながらの古びた街並みが未だ広がる中国において、目に見えないデジタルインフラとその活用が社会のあり方や人々の生活を変化させている。筆者が中国の現地で感じたのは、供給側にも需要側にも共通する基盤が民間の活力だということだ。換言すれば、中国市場と中国人に備わる寛容性と合理性と挑戦力が新たなイノベーションを産み出していると感じたのである。「便利でお得」と気付けば素早く市場に供給されて消費者も抵抗なく順応していく。しかも全体の消費規模も年々拡大が続いている。実質的な国民の豊かさを表す指標として、現地の物価を考慮した購買力平価換算による一人当たり GDP が挙げられるが、2021 年の中国は約 1 万 7000 ドル。日本の約 4 万 2000 ドル、米国の約 6 万 3000 ドルにはまだまだ及ばないが、過去 20 年間で 6 倍以上と圧倒的速度で成長している。

　本書でこれから試みていくのは、現代の「中国」と特にデジタル分野における「イノベーション」を結びつける背景を浮き彫りにしていくことである。日本のとりわけ比較的年配の世代にとって、この二つの言葉の組み合わせが発する違和感は、彼らにとって中国と言えば模倣大国であり、先進国の既製品を模した安か

ろう悪かろうの製品を大量生産する印象が強いからであろう。また共産党体制下で言論や活動が制限される中で自由な発想が生まれるはずはない、との懐疑論も根強い。日本での中国関連の報道は概して、表面的な特異性を強調するか、共産党国家が前面に出た印象を以て伝えられる。しかし一方で、その先にある隣国内部での活発な民間のダイナミズムを本書では伝えていきたい。

　確かに、日本の方がまだ技術水準が高いはずだと多くの人が信じるように、中国のデジタルイノベーションとして捉えられる全ての技術的な水準が必ずしも高いわけではない。しかしイノベーションの要諦とは、高度な技術を開発したり新たな製品を発明したりすることではなく、既存のものの「新たな組み合わせ」によって「新しい価値」を産み出すことにある。歴史的に中国は「火薬」「羅針盤」「活版印刷術」の三大発明を世に出した。しかし現代の中国で目を引くのは、既存の技術やサービスを組み合わせることによって新たな価値と新たな市場を創り出している点である。いわゆるリープフロッグと呼ばれる、後進国ゆえに先進技術の普及速度が早いという点もありつつ、そこに新たな価値を付加して自ら社会を変革している。本書ではその背景としての国民性や置かれた環境、また孵化装置としての大学周辺に焦点を当てていきたい。

　筆者が縁を授かった北京の清華大学は、もともとは

理工系を中心としながらも、今では総合大学として中国だけでなくアジア全体でもトップの大学として存在感を高めている。直近の各種世界大学ランキングでも、清華大学はアジア圏第1位として全世界のトップ20の常連となっている。2021年10月発表のU.S.News世界大学ランキングでは、コンピューター・サイエンス、電子工学、エネルギー工学等の複数部門で、清華大学はスタンフォード大学やマサチューセッツ工科大学を抑えて世界1位に位置している。

　清華大学の生い立ちが、米国より中国に返還された義和団事件の賠償金によって設立された留学予備校から始まったということもあり、雰囲気としても米国ボストンを感じさせる校舎があったり、マサチューセッツ工科大学をはじめとする米国の著名校とも交流が深い。日中戦争が全国的に拡大した際には南の長沙に移転し、その後1946年に現在の北京清華園に戻り、文、法、理、工、農の5つの学院と26の学科が設置された。1978年の改革開放政策以降、清華大学は世界の一流大学になるという長期的な目標を立て、医学院や経済管理学院を新設、大学院や社会人向けの継続教育学院を設立した。1999年には中央工芸美術学院を統合し清華大学美術学院を設立、2012年には中国人民銀行の大学院を統合し清華大学五道口金融学院を設立している。現在では合計21の学院、59の学科を擁する総合大学となっている。政界でも習近平国家主席や

胡錦濤前国家主席に加え、国務院総理、全国人民代表大会委員長、政治局常務委員等、清華大学は中国の大学で最も多くの政治家を輩出している。また財界とは、清華大学の持つ科学技術研究の強みを活かして国内外の産業や企業との繋がりを押し広げている。それを象徴するように、キャンパス内では常にどこかで新たな研究施設の新設工事が行われている。

　緑の美しいキャンパスでは朝早くから学生たちが自転車で疾走して教室に向かい、校内の寮に戻っても夜遅くまで自習を欠かさない。それもそのはずで、彼らは「高考」という大学全国統一試験で毎年約1000万人が受験するうちの約3000人しか清華大学には入れないという超難関を潜り抜け、親類や出身地の期待を一身に背負って来ている。真剣な眼差しの彼らから緊張感を感じ取りながら、食堂で安くて辛い中華を食べて、夜は清華大学ブランドのヨーグルトを飲むというのが筆者の日課だった。2018年夏には日本政府後援の友好事業として清華大学の学生300人が訪日視察したことがある。筆者も便乗しようとしたものの日本人には予算が付かないとのことで、一人自費で北京から参加した。その際のレセプションで顧秉林清華大学前学長が話した言葉を覚えている。「私はこれまで米国も欧州も見てきた。しかし今の私の頭の中にあるのは日本だ。中国にとって最も大事な国は日本である」。

　同じように、米国も欧州も見てきた筆者の今の頭の

中には中国がある。日本にとって歴史的・文化的・地理的にも最も関係が深く、いま新たな変化の中にある中国社会を、日本に留まって闇雲に相手を批判・警戒・好奇の視点で捉えることなく、自らの眼で確かめ、次の世代のためにも建設的な繋がりを築いていきたいと考えている。筆者がこれまで日本・米国・欧州で期せずして文理融合、産官学連携を体現しながら育ててきた複眼的視点で、本書では日本の読者に中国のデジタルイノベーションの深層を伝えていく。目的は決して中国の取り組みを称賛することでも嘲弄することでもなく、またそれらを日本に押し付けることでもない。日中の共通点や相違点を把握した上で、それぞれの立場で筆者の経験や見解を活かして頂ければ、というのが真意である。

　筆者が国際関係修士の留学時代に滞在していた米国ワシントン DC では、政治の街という土地柄もあり、政策の議論をする機会が多かった。そこでたびたび気になったのが「米国の政策や方針がこうだから、日本も同じくこうするべきだ」という主張や、「米国ではこういう体制なのに、日本は違う。だから直した方がいい」といった意見であった。これは米国人だけでなく、現地に長期滞在する日本人研究者やメディアからも多く聞かれた。確かに米国は世界最強国で学ぶべき点は多いものの、果たして歴史も政治体制も異なる日本にそのまま導入することができるのか、また同様の

結果を得られるのか、釈然としない想いを抱えていた。そんな時に大学院で受講した一つの講義が示唆を与えてくれた。それはフランシス・フクヤマ教授の「比較政治体系論」だった。フクヤマ教授と言えば著書『歴史の終わり』が有名であり、日本ではおそらくさらに有名なサミュエル・ハンティントン、ハーバード大学教授の『文明の衝突』と同じく、米国とソ連の二極構造が終わった冷戦後世界の見通しを示したものである。

フクヤマ教授は最初の講義で、自身の元同僚で政治社会学者でもあるシーモア・リプセット教授の言葉を私たちに紹介した。それは「一国しか知らない者は、どの国のこともよく理解していない(Those who only know one country, know no country)」という警句だった。他国との比較を通さなければ自国の特徴や課題を客観的に把握することは難しい、というメッセージである。講義では比較の重要性に加えてその手段として、アウトプットとしての政策や政治経済状況の是非を判断するだけでなく、インプットが何なのか、またどのような文化社会的な仕組みや構造でそのようなアウトプットになったのかを判断する必要もある、と学んだ。大学院での他の多くの授業が政治家や外交リーダーおよび国際機関等に焦点を当てて、そこから出された政策や方針とその結果を考察するのに対し、フクヤマ教授は国民性や政治体制および文化社会等のより深層に着眼していたのが印象的であった。

ちなみに、当時のワシントンDCは9.11の大規模テロの衝撃が止まず、米国にとってテロの温床だったアフガニスタンやイラクをいかに国家として再構築するかという議論が盛んであった。日系三世でもあるフクヤマ教授は、戦後米国の占領下に置かれた日本の事例も挙げて、現地の体制や国民性と国民感情の理解の重要性を唱えていた。しかしアフガニスタンもイラクも結局は、米国式民主主義の導入という看板のもとに軍産複合体が主導して国家再建が進められていった。リプセット教授が強調した比較による客観的な自己認識は欠落し、代わりに教授が著書『アメリカ例外論』で警告した米国の絶対的な主観に基づく占領であった。その後20年も続く米国最長の戦争の果てにタリバンやイスラム国（IS）といった武装勢力が席巻して荒廃する両国の現状からは、改めてフクヤマ、リプセット両教授の示唆が米国の政策に反映されていればと残念な想いである。

　現代日本における中国のデジタルイノベーションに関する議論も、表面的かつ部分的なアウトプットだけに焦点を当てた傾向が気になるところである。確かに日本にない物珍しさや利便性を誰かに伝えたいという感覚は理解できるものの、SNS投稿と同程度の表面的な情報を基に「日本でも」と企業や政府が総力を挙げてみても、等しく普及するかは難しい。アウトプットとしての成果物を産み出した体制や国民性、社会基

盤等の土壌を理解せずして同じ花を咲かせることは困難である。本書では、中国で勃興するデジタルイノベーションの背景に重心を置き、その核となる北京の清華大学内外のコミュニティの内幕や機能を探っていく。

目　次

第1章

いつの間にか日本の四倍。中国経済のいま

日本にとっては一番の商売相手

　筆者が北京で生活を始めた2018年の中国は、国内での改革開放から40年、日本との関係でも両国の平和友好条約締結から40年を迎える節目の年であった。

　21世紀に入ってから日中関係は深刻なまでに冷え込み、2012年の日本政府による尖閣諸島国有化が決定的となって、両国政府および国民の間の親近感は大きく停滞していた。日中間の多くの交流チャンネルが突然止まってしまったのもこの時であった。日本側からは、文化や学術的な関係でさえ連絡が途絶えたとの声も聞かれた。

　しかし貿易拡大や環境対策等で国際協力を必要とする中国政府の姿勢変化もあり、2017年後半あたりから日中関係は改善の兆しを示しつつあった。特に経済面では、日本にとっても対中関係の重要性はますます高まっており、双方の歩み寄りに期待が高まっていた。日本で政治的経験を持った学者として不便が多いのでは、とある程度覚悟していた筆者にとっては恵まれた時期であったと言える。北京でも、日本人であるがた

めに非友好的な対応や雰囲気を経験したことは皆無であった。

中国の対日観の改善に伴い、日本企業の中国への直接投資も増えている。毎年の新規投資額から回収額を差し引いた国際収支のネットベースでは、2020年で約1.3兆円となり、2000年に比べて13倍以上に拡大している。国別では、2020年までの直近5年間で日本の直接投資が常に1兆円を上回っているのは米国（1.9〜5.8兆円）と中国（1.2〜1.4兆円）の二か国だけである。

日本の対中国投資の推移は他国向けに比べて比較的安定した傾向にある。国によっては、ある年は日本からの投資額が多かったが翌年は回収額の方が多くてネット収支ではマイナスになった、というばらつきも見られる。これは不定期の大型投資や買収案件が投資全体に占める割合が高いためと考えられる。また投資先の環境変化という影響も収支を左右する。例えば、英国向け投資は2019年以降、それまでの数分の一にまで急激に減少したが、これは英国のEU離脱決定が日本の投資家たちのマインドを急激に冷やしたためと考えられる。

その点、現在の日本からの対中国投資は単発の大型案件に依存したものではなく、業種別でも従来割合の高かった製造業から、卸売・小売業等の国内消費を狙った多数の案件へシフトしつつある。中国市場の今後の見通しについて、大きな障害となるリスクがあると

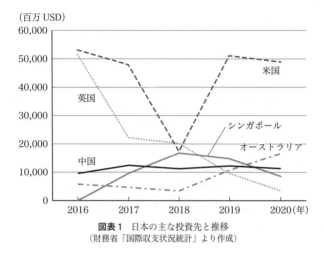

（百万 USD）

図表1 日本の主な投資先と推移
（財務省「国際収支状況統計」より作成）

は捉えられていなかったことも、日本からの安定した
直接投資推移の背景になっている。

　日本企業にとっての中国の位置づけを調査した国際
協力銀行の2021年12月発表資料からは、より詳細に
その志向が確認できる。製造業企業にとっては、今後
3年程度を見越した有望な事業展開先として中国は他
国をおさえて前年に引き続き首位となっている（2位以
下はインド、米国、ベトナム、タイ）。また当該回答企業
の約4割にあたる資本金10億円未満の「中堅・中小
企業」の有望事業展開先としても、今回中国がインド
を抜いて首位となった。アンケート調査では中国のコ
ロナ禍への対応も日本企業に評価されており、いち早
く経済活動を成長軌道に戻した中国と、ロックダウン

が長期化し景気減速懸念が深刻化しているインド他との対比が多く指摘された。確かに、従来の強みであった低廉な労働コストが高騰していることや、不透明な法制の運用等の課題も挙げられているものの、約14億人の市場規模や高い成長性による魅力は課題を上回る。米中貿易摩擦やコロナ感染発生があっても、「現地マーケットの今後の成長性」を中国の有望理由と回答した日本企業は前年比1.3%増の67.3%に達しているほどである。業種別でも、自動車、電機・電子、化学、一般機械の主要四業種すべてにおいて中期的有望展開先国の首位に立っている。

図表2 中期的(今後3年程度)に有望と考える
事業展開先国(2021年度7〜9月実施JBICアン
ケート調査)

順位		国・地域	回答社数	得票率
1	1	中 国	162	47.0%
2	(2)	イ ン ド	131	38.0%
3	(5)	米 国	113	32.8%
4	(3)	ベトナム	105	30.4%
5	(4)	タ イ	77	22.3%
6	(6)	インドネシア	67	19.4%
7	(7)	フィリピン	31	9.0%
8	(9)	メキシコ	30	8.7%
9	(8)	マレーシア	27	7.8%
10	(12)	台 湾	19	5.5%

アンケート対象は海外現地法人を3社以上有する日本の製造業企業。括弧内順位は2020年度、全回答社数は515、複数回答可。
(出典:JBIC国際協力銀行)

さらに、貿易統計からは、日本国内に留まる企業や消費者にとっても中国経済との関係が深いことが分かる。2020年の日本の輸出先は1位中国(約15兆円)が2

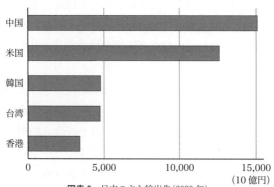

図表3 日本の主な輸出先(2020年)
(公益財団法人日本関税協会「外国貿易概況」より作成)

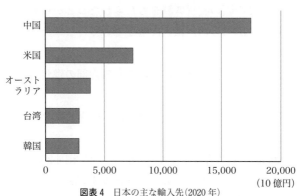

図表4 日本の主な輸入先(2020年)
(公益財団法人日本関税協会「外国貿易概況」より作成)

位米国（約13兆円）を抜いて首位に返り咲き、3位韓国（約5兆円）以下を大きく引き離している。日本の輸入先は2020年も1位中国（約17兆円）、2位米国（約7兆円）、3位オーストラリア（約4兆円）と例年中国が他を圧倒している。つまり日本にとって中国は、製品等の主要輸出先としてだけではなく、製品や部品、材料や資源等を輸入し国内経済や国民生活を支える基盤となりつつある。

日本の対中貿易の推移は、総額こそ世界全体との貿易総額の変動と相関が強いものの、投資同様に高位安定している。最近10年は、日中間での政治的関係の悪化や、互いにアンチダンピング関税やセーフガード等の貿易を制限する手段の発動などもありながら、それでも市場を交えた相互依存が定着してきた時期とも言える。さらに米中の貿易摩擦の影響については、結果として中国の関税低減をもたらしたことからも、日本から中国への輸出拡大に結びついている。

さらなる拡大のために求められる内部の進化

日本が依存を高める中国経済は、世界での存在感も年を経るごとに拡大している。

2020年末の国内総生産（GDP）は1位米国20.8兆ドル、2位中国15.6兆ドル、3位日本4.9兆ドルと順番こそ定位置に見えるが、中国は毎年のように米国との

差を縮め、日本との差をさらに広げている。追われる米国経済も決して停滞しているわけでなく、平均でも年2%強の成長率を維持しているのだが、それでも中国はそれ以上の成長率で迫り続けている。特にコロナ禍の2020年は他の先進国が不況に陥るなか、中国は唯一のプラス成長を達成しており、2019年末に米国と約7兆ドルあった差は2020年末には約5兆ドルと、一年で2兆ドルも減っている。2021年が明けても感染が収まらず経済回復もままならない米国といち早く成長軌道に戻った中国との差は今後もさらに縮まり、2020年代後半には米中逆転との見通しが広がっている。

　なお、日本との比較では2010年末のGDPで日本5.7兆ドル、中国6.0兆ドルと初めて逆転されると差は拡大し続け、たった10年で日本の経済規模の3倍にまで中国は成長した。より経済の実力を示すとされる各国の物価水準を考慮した購買力平価換算のGDPでは、中国は既に1999年には日本を逆転、2017年には米国をも逆転し、2021年現在では日本の4倍超、米国の約1.2倍にまでなっている。しかもコロナ不況から一足早い回復を進める中国は、かつて並んだ日本はもとより、米国をも置き去りにする可能性が高くなっている。

　このように巨大化する中国経済を業種別に見ていくと、成熟の様子も分かる。経済全体を第一次産業の農

林水産、第二次産業の鉱工業、第三次産業のサービス業に大きく区別した場合、現在では他の先進国同様に中国でもGDPおよび雇用の中心は第三次産業となっている。中国全体のGDPは1978年から現在までの統計推移では約270倍にも成長したが、その間の業種内訳では農林水産業が28%から7%に大幅に低下し、鉱工業は48%から39%に低下、サービス業は24%から53%に上昇している。

　一般的に、国家が経済発展に伴ってその主要産業が第一次産業から第二次産業そして第三次産業へ移るのは産業構造が高度化していく傾向を示しており、この傾向を発表した経済学者の名前からペティー・クラークの法則とも呼ばれる。中国もこの法則に沿っており、主力となる第三次産業のサービス業は1994年には就業人口に占める割合で最大となり、2013年にはGDPでも最大のシェアを占めるようになった。国内経済の生産と需要の両面での中心が、食料からモノへ、モノからサービスへと移行していった結果でもある。

　このうち情報通信のインフラとしてのIT分野は、農業から鉱工業、サービス業までの幅広い産業で使用されているためにIT産業の区分として第三次産業だけに限定することは困難であるが、情報を駆使したサービスの提供という面では主として第三次産業に関するものと捉えられる。中国では特に2005年以降にIT普及が急速に進んだが、同時期に第三次産業も加速的

に発展したことは、IT分野と第三次産業の相関性の高さを示しているからである。今や情報サービスとしてのIT産業は中国経済を前進させる重要な役割を果たしつつある。

　中国にとって産業の高度化やITの普及は、以前のような単なる人口の多さと安い労働力頼みでは成長は維持できない、という認識の表れでもある。

　確かに中国の総人口14億は、日本の実に10倍以上という想像を絶する数字である。筆者も日本では何となくしかイメージが沸かなかったが、現地にいると事ある毎にその桁違いの人口規模を感じることができる。例えば筆者も滞在していた清華大学のキャンパス内には、学生や教員およびその家族を含めて約7万人が居住している。故郷の伊豆半島最大都市である伊東市は人口6.8万人であり、それを超えると聞いて驚いた。学内に食堂は10以上、スーパーや床屋、銀行に郵便局やホテル、映画館やコンサート場も整備されている。学外に出ても北京市は2000万人超の人口を擁し、全国にも人口1000万人超の都市は16もある。郊外の都市でも人口数百万人は全く珍しくなく、当時高速鉄道も停まらなかった内モンゴルのフフホトという市に行った時には、人口が静岡県全体とほぼ同等の約300万人であったことに驚愕した。

　この巨大な人口規模と、そこから生まれる安い労働力や大きな消費が中国経済の拡大を牽引してきた要因

でもあるが、果たして今後も同じ役割を期待できるのであろうか。実は中国では、労働力として期待される15〜64歳の生産年齢人口は急速に減少している。生産年齢人口のピークは2013年に10億人超に達したのを境に、既に減少を続けているのである。つまり、これまでの高度成長の生産と消費を支えた労働人口の増加という後押しが無くなり、量が減る分を質の改善で補わなければならないという必要性を抱えている。

　そのため当然ながら一人っ子政策も方針転換を余儀なくされた。過去に人口抑制のために打ち出され、経済を支える生産年齢人口の縮小ももたらした一人っ子政策は2015年には廃止となり、翌年からすべての夫婦に2人までの出産を認めたものの、出生数の減少には歯止めがかかっていない。2021年半ばには子供3人まで容認となった。社会情勢が変化するなかで、若い夫婦にはもはや罰金の心配が無くても子供を多く育てる余裕も無いのが現状である。社会進出した女性は仕事やキャリアを重視して時間を惜しみ、また特に都市では生活費や教育費が高騰して経済的にも子供を育てる余裕がない。さらに中国では伝統的に退職した親の介護等を子供たちが負担する傾向があり、政府が目指す公的皆年金も未だ充分でないために若者たちが高齢者を支える構造が続いている。

　中国の現在の合計特殊出生率（一人の女性が生涯に産む子どもの推定数）は公的には1.6と発表されており

（2019 年）、長期にわたって人口を維持できる水準の2.1 を下回ってきている。外国の研究者には、実際は公的数値を大きく下回る 1.2 であるとの主張もある。将来の人口見通しを推計した中国社会科学院は 1.6 という公的数値を用いたものの、それでも 2020 年代後半からは中国全体の人口が減少の一途をたどる、という警告を出している。国連統計や研究者のなかではさらに低い推計値も出されており、その場合はより悲観的な人口推移が想定される。近隣の香港、台湾、シンガポールや韓国の出生率は 1.0 に近く、同様に都市化が進み長らくの一人っ子家庭に慣れた中国人の出生率も実際はこれらの国同様に低減しているはずだ、という研究者らの想定は説得力がある。

　統計からも、中国の都市と農村の人口比率は戦後1949 年には 1:9 だったのが 1981 年には 2:8 に、1996 年に 3:7、2003 年に 4:6、2010 年に 5:5 となり、現在は 6:4 と逆転していることが明示されている。なお、これは戸籍地の人口統計であり、実際に都市へ流入した人口は遥かに多い。例えば北京では、2000 年頃から他省戸籍者の流入が増えて既に北京市総人口の 1/3 以上を占めている。上海でも約 4 割程度が他省戸籍者で、深圳は 2020 年時点で 1700 万人超人口の約 6 割が他省戸籍者となる。つまり実態としての都市化はかなり進んでいる。

　結果として、これら受け入れ側の大都市の住宅価格

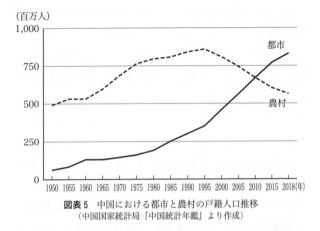

（百万人）

図表5 中国における都市と農村の戸籍人口推移
（中国国家統計局『中国統計年鑑』より作成）

は上がり続け、2021年3月時点では北京と上海の平均が約7万元（約130万円）/平米となり、深圳は全国1位の約9万元（約160万円）/平米と高騰している。都市に住む子育て世代の苦労がこの値からも透けて見えてくる。筆者が北京で部屋探しの際によく見たのも、若いカップルが六畳ほどの狭い部屋に二人で同居し、しかも他の2〜3室には別の同居人がいて皆で家賃をシェアしながら暮らしている様子であった。都市での自分たちの生活を維持するのが精一杯で、ましてや子育てなど考えられない状況が伝わってきた。

また郊外においても、世界最大となる中国の高速鉄道網の発達と不動産投機の影響により、住宅費の高騰がじわじわと広がっている。筆者が郊外を周っていて驚いたのは、北朝鮮と川を挟んだ国境の街である丹東

市においても、まさに中国最東端のその川沿いに巨大な新興高層団地が開発されていたことだった。案内してくれた知人に話を聞くと、2009年に当時の温家宝首相と金正日総書記とで合意された「新鴨緑江大橋」の開通を見込んでの開発だという。その後2014年に橋自体は完成したのだが、中朝関係の悪化から北朝鮮側とは未だに繋がっておらず、転売利益を見込んだ住居購入者は開通を祈るしかないという状況のようである。この団地以外にも同市内には中朝交流の進展を見越した投資が入ってきており、普段は300km離れた大連市に住む知人も丹東市に部屋を保有していた。

　このような社会変化に伴う2013年以降の労働力人口の減少を背景にしながら、直後に生産性向上や新市場創出のためのイノベーション推進やインターネット活用といった戦略が政府から矢継ぎ早に打ち出されたのは、裏を返せば必要性に迫られての焦りも感じさせる。2014年9月開催の夏季ダボス会議では、李克強首相が「大衆創業・万衆創新」(略称：「双創」)を提唱し、翌2015年3月の全国人民代表大会で李克強首相はさらに、「互聯網＋(インターネットプラス)行動計画」を提示している。「大衆創業・万衆創新」では民間主導のイノベーションを促し、「インターネットプラス」では、インターネットを従来の情報通信産業としてだけでなく、金融・物流・医療・教育等、他の多くの産業に付加価値を高める形で活用して、生産性の

向上や新たな事業の拡大を目指す。これまでと違う形で成長を維持しなければという政府の危機感に加え、ネット技術の発展と国民に備わる商魂が後押しとなり、中国経済の進化が続いている。

第2章

中国式イノベーションの土壌を歩く

新たな組み合わせが新しい価値を産む

　中国インターネット協会が2021年11月に発表した研究報告では、中国のネット大手の巨大さやさらなる成長可能性とその背景、および社会への影響が示されている。

　2020年の中国のネット企業100強の営業収入は、史上最高値を更新して前年比17％増の4.1兆元(約74兆円。以下、日本円表示は1元＝18円、1ドル＝115円で換算)に達した。営業利益は前年比39％増とさらに伸び、約4400億元(約8兆円)であった。

　年間営業収入のうちアリババ集団(阿里巴巴、Alibaba)とテンセント(騰訊、Tencent)のトップ2社で占める割合は100社総額の27％(前年度25％)、トップ10社は65％(前年度58％)、トップ20社では86％(前年度80％)となり、一部上位に偏った傾向が続いている。

　ちなみに、日本のネット企業の2020年度売上高は1位の楽天約1.5兆円、2位のZホールディングス(旧ヤフー)約1.2兆円、3位のリクルート約1.1兆円(ネット関連のみ)がキャッシュレス決済にも注力しているこ

とから突出しており、4位以降はサイバーエージェント約4800億円、SBI証券約3100億円と続く。日本のトップ5社合計では約4.6兆円となり、中国トップ5社の約1/6である。

中国ネット企業が研究開発に注力している様子も統計から示されている。成長を支える研究開発費は2020年は前年比17％増の約2070億元（約3.7兆円）、特許取得件数は前年比76％増の19万件と伸びが加速している。収入に占める研究開発費率平均は約10％、研究開発に携わる社員が全体の40％超を占めている企業は前年から9社増えて59社となっている。

これらネット上位100社の成長の結果として、納税や雇用を通した社会への存在感も拡大している。2020年の納税額と雇用数はそれぞれ、前年比9％増の

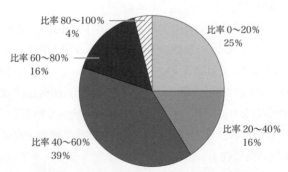

図表6　中国ネット上位100社の研究員比率（2020年）
（中国インターネット協会「中国インターネット企業総合実力研究報告2021」より作成）

1030 億元（約 1.9 兆円）、18% 増の 173 万人と増大し、コロナ禍においても堅実に国内経済を支えている。

　他方で、群雄割拠の中国ネット業界では 100 強に残り続けるのも容易ではなく、同協会が調査を行った直近 9 年間で 100 強に残り続けたのはわずか 20 社、2020 年のランキングでも前年から引き続いて 100 強に残っているのは 71 社である。これまで残存率が 50% を超えたのは初めてであるというから、いかに上位の入れ替えが激しいか想像できる。

　これはインターネットの汎用性が高く、当初想定し得なかったあらゆる業界や用途にまでサービスの提供が拡大していることとも関係している。2020 年の中国ネット上位 100 社の業態を見ても、1 位はゲームの 28 社、2 位の音楽・動画 20 社、3 位の e コマース（電子商取引）16 社、その後も公共サービス、クラウド、メディア、生活サービス、金融と、企業数の分布では大きく突出したものはなく、かつ分散傾向にある。今後もインターネットの普及と活用が進むほど業態は幅広くなり、日本に先んじて 2019 年末から普及が進む 5G による高速大容量の通信インフラの普及とともに業態の分散も拡大すると予見される。

　なお、ネット上位 100 社の所在地は北京市・天津市・河北省で構成される京津冀地域が最も多く、次いで上海市・江蘇省南部・浙江省北部にまたがる長江デルタ地域、そして深圳市や広州市を含む広東省の珠江

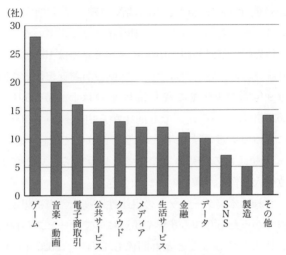

図表7 中国ネット上位100社の業態（2020年）
（中国インターネット協会「中国インターネット企業総合実力
研究報告2021」より作成）

デルタ地域の三つに多くが集積している。それぞれに
特色があり、京津冀地域は政治の中心であると共に著
名大学や研究機関が多く、長江デルタ地域は古くから
国内経済の中心で外国企業の拠点も多く、珠江デルタ
地域は金融都市香港に接した経済特区深圳を筆頭に
「世界の工場」と呼ばれる発展を遂げている。

　ところで「イノベーション」という言葉の意味を思
い返すと、改めてインターネット業界はイノベーショ
ンと親和性の高い業態であると考えさせられる。経済
学者のヨーゼフ・シュンペーターや社会学者のピータ

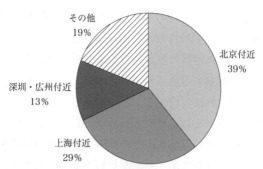

図表 8 中国ネット上位 100 社の地域分布（2020 年）
（中国インターネット協会「中国インターネット企業総合実力
研究報告 2021」より作成）

ー・ドラッカーをはじめ、多くの識者がイノベーショ
ンを解釈している内容に共通する概念は、「新しい組
み合わせによる新しい価値の創造」である。つまり、
新規もしくは既存のものを組み合わせることにより生
まれた新たな商品、プロセス、サービス、技術、芸術、
ビジネスモデルから、新たな価値を市場、政府、社会
へ浸透させていくという仕組みである。インベンショ
ン（発明）と混合されがちだが、イノベーションは必ず
しも新たな発明や技術革新が求められるものではなく、
それらを実際に適用および活用し新たな価値を広げる
ことを示している。

「はじめに」でもすこし触れたように、中国で一気
に普及したデジタルイノベーションのなかには QR コ
ードを用いたものが多い。商店やレストラン等で会計

をする際には、店側の QR コードを自分の携帯で読み取るか、相手側に自分の QR コードを見せれば決済ができる。また道端に置かれているシェア自転車を使う際も、自転車に設置されている QR コードを自分の携帯で読み取れば解錠することができる。ここでいうイノベーションとは、QR コードの技術そのものでなく、それを携帯で読み取りお金の決済や自転車の解錠を行うに至るプロセスが、利便性や新たなビジネスモデルといった価値を産み出すことを示している。なお QR コード自体は、トヨタ自動車の開発部門から独立したデンソー社が、インターネットも普及していない時代に工場の部品や製品管理に用いるために開発したものである。この QR コードを現代の携帯電話の画像認識や自転車の錠と組み合わせることによって、デンソーの開発者も想像しなかった新たな価値を産み出したのがイノベーションなのである。

　インターネットは既に、様々な組み合わせにより多くの新しい価値を産み出してきた。中国でもその証左として、過去、といっても遠い過去ではなく、わずか10 年にも満たない過去から現在にかけて、生活および社会の様態が一変した。買い物や食事、学習に移動、仕事のやり方から人間関係に至るまで、あらゆる面でインターネットを介して利便性、効率、安全性等が広がってきた。これまで障害となってきた立地、距離、時間、身体的負担、情報の非対称性などを補うイノベ

ーションの恩恵を受けながら、社会が回りはじめている。この先さらに進化することはあっても、逆行することは考えにくい。

　一方で、価値の評価も立場によっては常に一定というわけではなく、例えば個人にとっては都合の悪いものでも為政者にとって価値のあるイノベーションとして進められてきた分野もある。既存の監視技術とネットで収集される個人情報およびあらゆる取引情報を組み合わせれば、特定個人の行動把握も容易になり、交通違反から脱税さらには問題発言等の摘発にと適用範囲は広がる。既に今回のコロナ禍では、陽性者の行動履歴の把握にその能力の一端が垣間見えた。どこでだれと何をしていたか、その時マスクは着けていたか、相手との関係性は、などを正確に把握できることが明らかになっている。

　また、新たな価値のもとで人間の評価基準も新たに生まれている。ネット取引で積みあがったデータによる信用スコア付けがそれである。個人情報を共有するほど信用スコアが上がると共に、スマホでの決済や商取引など対象サービスを利用するほどにスコアが上がる。スコアの良い人は、例えばバス料金が割引になったり本来必要なデポジットが免除されたりと、優遇措置を享受できる。デジタル・デバイドが利便性の格差だけでなく、経済面での待遇差も発生させているのである。他方で、日常においても監視カメラや顔認識、

携帯GPSを組み合わせた認証機能による信用スコア付けが進み、信号無視をすると減点されたりと、法規制を超えた行動規制も生まれている。雑誌『中国信用』では、この信用スコアの高い人と低い人を紅いリストと黒いリストに載せて公表している。新たな評価基準を実社会に浸透させていく意図が示されている。このようにイノベーションによって産み出された新たな価値が、個人にとっても置かれた状況で一定でなく、さらに社会もしくは国家にとっての評価と異なる側面が広がる可能性も忘れてはならない。

　光と影を備えつつも中国のネット社会の今後においては、直接的には5Gインフラによる高速大容量の通信インフラと、膨らみ続けるあらゆるネット取引のビッグデータが新たなイノベーションを予感させる。加えて、他業界の既存もしくは新たな技術革新と組み合わさることによってもイノベーションが起こっていくだろう。本書では、中国のデジタルイノベーション内の新たな組み合わせ例を表層的に紹介するのではなく、新たな価値を欲して評価する社会的背景や、価値を産み出すにいたる創新・創業プロセスに注目して分析を行っていく。というのも、異なる市場の背景や外部環境を理解せずに、単にアウトプットである製品やサービス、果ては政策までを導入したり模倣しようとしても、同様に浸透するとは限らないからである。

不便な生活インフラがネットビジネスの肥料に

　現代中国のデジタルイノベーションとしてまず読者の頭に浮かぶのは、携帯電話のアプリを使ったネット決済ではないだろうか。数年前から日本のメディアでも多く取り上げられ、財布を持たないで生活できる環境が広く紹介されてきた。筆者も北京で生活を始めたときに驚いたのは、キャッシュレスによる利便性というよりは、むしろそれを使わないと不便な生活環境になっていることであった。日常生活で現金では決済できない機会が増えており、既に触れたようにシェア自転車のような新しいサービスだけでなく、大学内宿舎の洗濯機すら、QRコードをアプリで読み取らなければ起動しない。同じく外国から清華大学を一時訪問していた先生も、洗濯機の前で現金を持ったまま立ち尽くしていた。今ではネット決済の普及はさらに進み、単なる決済手段としてだけでなく、その取引記録を活用しながら投資や融資もしくは個人の信用を証明する手段としても活用が広がっている。

　中国でのネット決済発展のきっかけとなったのは、先に普及していたネットショッピングやメッセージツールである。これらの機能に伴う課題や需要を補いまたは付加価値を高める形で、ネット決済が展開されていったのである。ここではそれぞれの発展の背景を探りながら、その後いかにネット決済が広まっていった

のかを示していく。

　現在の中国のネットショッピングは世界でも断トツの市場規模を誇っている。メーカーや販売店から購入する通常のB to C（企業対個人）に加えて、個人間の中古品や未使用品取引のC to C（個人対個人）を合わせた額は、経済産業省の調査によれば2019年で220兆円を超える。同年における米国の約60兆円、日本の約21兆円をはるかに凌駕している。商取引市場全体におけるネット化割合を示したEC化率も、2019年の中国はB to Cで37％と、米国の11％、日本の7％に比べてもかなり高い。それでもまだ農村に本格的に広がるのがこれからということから、今後も確実に伸び続けるとみられている。

　毎年特定の時期にはネット限定の大規模セールが行われることで、今や日系企業もこの機会をいかに活かすか真剣に取り組んでいる。アリババ集団が始めた11月11日（双十一）の「独身の日」セール、6月18日の京東（ジンドン）集団の京東商城（JD.com）の創業記念セールは、国家経済にも影響を与えるほどに浸透している。両セール期の売上は毎年記録を更新し、現在では合わせて約10兆円を超えている。知人の日系電化製品メーカーの担当者も、この時期にいかに売るかということを考えながら新作発表やプロモーションに奔走する一年だそうだ。大型量販店などの実店舗では

競合商品が多すぎるためにスペースが限られ、やはりネットを中心とした販売戦略に傾注している。消費者はネットでセールが行われるこの機会にまとめ買いする傾向が強くなっており、前後の時期の消費落ち込みが段々と深刻になってきている。国家の消費サイクルにまで大きな影響を与えているのである。

筆者の北京での大学同僚の中国人たちも、「確実に必要なものは今買わなければ損でしょ」とばかりに電化製品のような耐久財だけでなく、シャンプーや化粧品などの日用品、食料などの数か月で消費されるものをまとめて購入していた。両セールの谷間の期間の消費がこの時期ではき出されるという傾向が強くなっている。その波を少しでもゆるやかにしようと、最近では12月12日（双十二）にもセールを実施してはいるが、消費喚起は未だそれほどではない。

中国のネットショッピングの市場規模とEC化率が日本や米国とこれだけ乖離があるのは、中国の実社会に存在する店舗の整備状況や、ネット上の店舗の生い立ちに関係がある。つまり、中国では実店舗の数も質も日米に比べて後塵を拝しており、身近に選択肢の少ない消費者としては自然とネットに購買手段を求めるようになっていった。またネット上の市場拡大に伴って出店するのは、実店舗も構える小売店だけでなく、オンラインでのみ販売する店舗も多い。特にC to Cの取引が多いアリババ集団の「淘宝（タオバオ）」とい

う市場で品を買う際には、実店舗がない売先からの購入がほとんどになるため、慣れるまでは注文した品物が本当に届くのか少し不安に感じる。この不安も実は解消される手段が組み込まれている点は後述するが、中国では売る方も買う方もネットを使用する需要が高かったといえる。

　対して日米の場合は、どの街にも商店街やコンビニ、スーパーもしくは郊外の大型店があるように小売の実店舗が身のまわりに普及しているため、消費者があえてネット上で購買する必要性が薄かった。特に日本は人口当たりの小売店舗数が米国・欧州と比べても多い。またネット上での買い物にしても、米国は eBay、日本でも最近はメルカリやヤフオクといった個人間の取引も見られるようになったが、より多くの消費者はアマゾンや楽天もしくはメーカー販売店の公式サイトなどを通して実際に存在する店舗から購入している。日米では実店舗に対する信頼性と利便性が高いことから、身のまわりの実店舗で購入できない場合を中心に補完的にネットショッピングが普及した経緯が想定される。

　中国ではネットショッピングの潜在的需要が高かったとはいえ、当初は多くの課題が散見された。実店舗と異なり、買う方は届くまで実際の商品を確認できず、売り主に対する情報も持ち合わせていなければ半信半疑で注文せざるを得なかった。支払いも当初は銀行口座への振込が多く、手間や時間に加えて、振込手数料

を負担しながらも本当に注文した品物を受け取れるかという不安を抱えていた。

　これらは日本でも、過去に通信販売を利用したことのある人には想像できると思われる。筆者も山中の実家で育った小学生時代に、漫画雑誌の裏に掲載されていたやや怪しげな運動機器を注文したことが思い出される。郵便局まで出向いて現金書留で代金を送り、長らく待つもなかなか届かず、ようやく届いた品物は写真とはかなり異なり安っぽく、やがて壊れてしまった。しかし掲載されている消費者の感想はいつも全く変わらない賛辞のみで、腹筋が割れたとか異性に好かれるようになったという内容ばかりで、今思えば到底信頼に足るものではなかった。

　このような不便と不安を解消したのが、中国の電子決済による仮払い方式である。クレジットカードが普及していない中国において、銀行振込のような手間もかからず即座に決済され、また詐欺や偽物を防ぐことができるよう、購入者が商品を受け取って認証手続きを行うか、一定期間何か問題があったとの報告が無い場合に、販売者に支払代金が届くようになっている。その間の代金は決済業者が管理しているため、売る方と買う方の間でこれまで欠けていた信用が担保されるということである。

　近年のネットショッピングでは、品物や販売元に関して購入者による評価やコメントを公開することによ

って詐欺や不良品販売を抑止・牽制する効果を持たせているが、その評価やコメントも販売元によって偽造される例が散見されている。その点、支払代金の第三者による管理はより実効的に信用の担保を可能にしている。決済における不便と不安を解消し、加えて全国的に配送を可能とするネットワークの拡大も伴って、中国のネットショッピング取引量は拡大し、同時に電子決済も普及していった。さらにスマホの活用によって、ネットでの購買のみならず実店舗での購買にも電子決済が用いられるようになり、一気に普及が加速化したのである。

　こうしてネットショッピングが浸透した現代中国では、大都市の消費者でもデパートに陳列しているブランド品等を実店舗で確認し、購入するのはネットという習慣も定着している。また最近では自ら実物を確認するまでもなく、他人の口コミや有名人による紹介などから購入に至るケースも増えている。

　例えば家電製品は先ほども述べたように種類が豊富で、全ての製品が実店舗に展示されているわけではない。イヤホンやヘッドホンなどはその一例で、日本では誰もが知るソニーのノイズキャンセリング機能を搭載した高額な人気商品も店舗には無い場合が多かった。北京の家電量販店やデパートに行っても見かけず、ある店ではソニーの看板が床に置かれているのを見かけたが、実際にはその一帯は別のメーカー品で占められ

ていた。筆者は「すわ、これが輸入品に対する非関税障壁か」と日本製品が不当な扱いを受けているのではと心配になって、現地法人に思わず連絡してしまった。しかし気付いてみると地下鉄やカフェでソニー製品を使っている若者を意外に多く見かけ、従来とは異なる普及ルートに感心した記憶がある。

さらに最近では、ネット販売の流通が発達し、注文から短い時間で安く届くことからも、低価格の日常品にまでその商圏が広がっている。一例として、ネット販売で購入される食料品にはどのような特徴があるかを探ってみた。アリババ集団の陶宝、京東集団の JD.com という EC サイトでは日本の楽天やアマゾンと同等もしくはそれ以上の品揃えがあり、なかでも食料品は果物から、海鮮、野菜、牛肉、ナマコや蟹、輸入品に至るまで、ほぼ何でも購入できる。これは広い国内を網羅した迅速で安価な配達インフラが整っているためでもある。購入者も着実に増えており、特に新年や春節に向けての時期は各社も販促に余念がない。そのなかでも特にネット購入が定着しているのが、取り扱う実店舗がなかなか見当たらないような商品である。これは、ブランド品や衣料品といった他のネット購入の定番品が、実店舗で実物を確認して安い方で購入するという消費行動になっているのとは異なっている。すなわち、ネットが実店舗を補うというより、むしろネット購入がきっかけとなって実店舗が育っていくと

いう状況が見られるのである。

　例えば珈琲豆がその一つである。市内にはスターバックス(星巴克)やそれに匹敵する価格のカフェが溢れている一方で、ほとんどのスーパーにはインスタントコーヒーしか置いていない。カルフールなどの外資系巨大スーパーにはレギュラー珈琲粉をいくつか発見することができたが、それでも珈琲豆となると選択肢がさらに狭まり、ほとんどが陶宝などのネット店での購入を余儀なくされる。そのためであろうか、原産地のジャマイカから生豆の中国輸出はないはずの高級品のブルーマウンテン珈琲が、「藍山珈琲」としてネットでは散見される。

　そうした背景を知っていれば、「藍山珈琲」の後ろにしばしば表示されている「風味」という表示の意図がまだ分かるが、そうでなければ種類を示したものとして本物の如く購入してしまう。筆者も当初、中国のブルーマウンテン珈琲はほとんど本物では無いということも知らず、また日本では非常に高価であることも知らなかったため、味の質とバランスが最高評価を受けているとの表示に純粋に惹かれてほとんど購入寸前であった。

　このような商品が問題を指摘されずにネットで売れ続ける背景として、①国内の実店舗での扱いが少なく、②数百円の商品でも送料が免除か格安で迅速であり、③そもそも実物との違いが分からない消費者が多い、

という点が考えられる。これらの条件は珈琲に限らず他の多くの商品に当てはまる。特に前述の牛肉、ナマコや蟹、輸入食品といった、普段は食する機会がない商品は最適であり、ECサイト上にも品数が増えている。日本では冬の季節になると、蟹をネットで購入したら中身がほとんどスカスカだったという投稿がよく見られたが、これはまだ比較的消費経験の多い日本でのことであり、そのような経験も少なく割と細かいことを気にしない人が多い中国では販売し易いとも考えられる。

　なお、この傾向は食料品だけでなく化粧品等にも該当する。実際に筆者の日本人の友人が、日本国内で使用していた化粧水を中国現地のネットで購入した際、明らかに使用感がこれまでと異なっていたと話している。しかし当商品販売店のネットでの評価は必ずしも悪くはなく（だからこそ友人も購入したのだが）、おそらく③の条件に当てはまる消費者が多いか、もしくは友人のように違和感を感じても、既に消費してしまっていて3000〜4000円程度であるために揉めるほどではないとやり過ごしているのかと思われる。

　以上のように、中国のネット販売には課題も残るものの、消費の潜在力はまだまだ拡大すると想定される。

　また、メッセージアプリの普及も中国で電子決済が広がったきっかけの重要な一つである。電話での通話の代わりにテキストや絵文字や写真でやり取りする手

段は、日本の LINE 同様に中国でも自国のテンセント QQ やウィーチャットというアプリが公私問わず使われるようになっている。ダウンロードは無償、個人もしくはグループ間で即応性のあるやり取りができる点が普及に繋がったのも共通している。

　今や仕事上でのやり取りもメールではなくウィーチャット経由がほとんどであり、会えば名刺代わりに QR コードを交換し合う。日本では親しい人に限った習慣がある LINE 交換とはやや異なり、初対面でもとりあえずウィーチャットに繋げるため、後に忘れた頃に直接メッセージが届いて戸惑うことがよくあった。北京のある行事で日本から当時の鈴木大地スポーツ庁長官が参加した際に、清華大学の体育の教授に頼まれて鈴木長官を紹介し一緒に写真を撮ったのだが、その教授が間髪入れず鈴木長官に「ウィーチャットありますか？」と尋ねて長官を戸惑わせていたのを覚えている。しかも名刺代わりに交換する割には自分のアカウントに本名や顔写真を登録している者はほとんどなく、しばらくやり取りもしないでいると誰が誰だか分からなくなってしまう。それでも公私や重要度を問わずに連絡はウィーチャットで取り合うのが通常である。

　中国でのメッセージアプリの特徴的な使い方としては、テキストではなく音声メッセージを録音して相手に送付することである。テキスト同様に履歴も残せるだけでなく、テキストを打つ手間を省いて内容を伝え

る時間も短くし、画面に目を落とすことなく運転中でもメッセージを送ることができる利点がある。ウィーチャットの創業エピソードを参考にしたあるドラマでは、テキストメッセージを打ちながら運転していた主人公が交通事故を起こしそうになって急停車し、すると後方から同じくテキストメッセージを打ちながら運転していた女性に追突されるという場面もあった。実際に中国では、自動車だけでなくバイクや自転車を運転しながら携帯を使用している姿をよく見る。特にバイクの配達員は常に片手に携帯を持っている。録音メッセージのやり取り機能の需要が高いことが窺い知れる。

　このメッセージアプリに電子決済の機能が付加されて普及したのにも、中国らしい背景がある。中国では知り合いどうし、大人どうしでも日本のお年玉のようにお祝いや記念として現金を「紅包」と呼んで配る文化があり、ウィーチャットの決済機能はまたたく間にこの「紅包」にも浸透していったという。個人間の決済だけでなく、複数人に均等あるいはランダムに配分する機能も活用されている。中国では名刺の交換よりもまずはウィーチャットの交換といったように、親しさを問わずほぼ全ての知り合いとウィーチャットで繋がっているので、その関係内でのお金のやり取りは、時間も場所も問わず、また手数料もかからない電子決済の利便性が高い。現在では、QRコードを介してネ

ット上もしくは実店舗でも同じく決済アプリで取引ができる。

　以上のようにネットショッピングやメッセージアプリから普及のきっかけを摑んだ電子決済であるが、実社会の日々の取引にまで浸透していったのは、これまでの金融インフラの課題が大きかったためでもある。大都市はともかく郊外や田舎に行けば銀行の支店もATMもなかなか見当たらず、クレジットカードも発行できず、当然店舗も高いコストを払って利用の少ないカード決済システムを導入することもなく、かといって現金も偽札が横行して信用がおけない状態であった。少し前の中国の旅行ガイドブックには、現地で両替やお釣りを受け取る際に偽札に注意するようにと記載されていた。

　そのようななかで電子決済を体験すれば、その便利さから元には戻れず、使用者が増えれば実店舗側にとっても今回は導入コストも低いことから受け入れざるを得ない。2020年10月にウィーチャットを提供するテンセント社が発表した数字では、電子決済の利用率は都市76％を農村78％、県城（県政府所在地）83％が上回っている。アリババ集団による同様の調査からも農村や郊外での利用率が高いことが示されており、二社の調査ともに電子決済の最も利用率の高い地域の上位にチベット自治区が常に入っているのが興味深い。悪路を走るバスに長時間揺られながら筆者が辿り着い

た内蒙古自治区の草原に佇む土産物屋のパオ（テント）でも、問題なく電子決済が使えた。むしろレジにおつりがほとんど無いので現金ではない方が助かるようであった。

インフラが未整備のために一足飛びに最新の技術が導入されて経済発展と生活水準向上が起きることは、途上国に見られる傾向でもある。日本のように既存業界とその周辺における既得権益を守ろうとすることからの抵抗もなく、導入がスムーズに進みやすい。ただし、最新技術を伴うインフラを自らで整備できなければ自国経済の独立性を損ない、脆弱性が増してしまう。その点において中国では、GoogleやFacebookを締め出し自らで類似サービスを展開するだけでなく、独自の機能を加えることによって付加価値を高めている点は看過できない。ネットショッピングやメッセージアプリに電子決済機能を付加した後も、資金運用や融資等の金融サービス、さらには行政との連携から公共料金や税納付手段として、使途は広がっている。そしてそこから蓄積されるデータを活用して利用者の信用評価に、事業者のサービス効率化に繋げている。

肥料のない土壌で苦戦する日本のキャッシュレス

コロナ禍前の中国では年々海外への旅行者が増え続け、特にその数の多い秋の国慶節および旧正月の春節

では、渡航先の最上位に日本が位置づけられていた。日本を訪れた多くの中国人が日本の自然、食、文化や歴史、行き届いたサービスに好印象を抱き、再来日する機会も増えていた。日本では政府も小売事業者にとっても、国内人口が減少し消費も停滞するなか、インバウンドと呼ばれる海外からの旅行者の消費の高まりに期待し、彼らの声に耳を傾けてきた。

海外から日本への旅行者を対象に2016年夏期に調査を実施した日本政策投資銀行の報告によれば、外貨両替やクレジットカード、キャッシュカード利用環境が改善されればもっと消費を増やしただろうと答えた割合は全体で68％、訪日中国人では実に86％がそのように答えている。これは、ほとんどの中国人にとって過去となった現金決済の煩わしさを日本滞在中に感じていることを表しており、同時にさらなる消費拡大の余地があることも示している。

筆者にとっても、中国での携帯による決済の生活に慣れた後で日本に戻る機会があった際には、現金中心の不便さに戸惑うことが多くなってきた。日本の現金決済は近年、主に電子商取引に使うクレジットカードの普及を背景に減少傾向ではあるが、先進国内では依然として格段に高い。日本政府は、2015年時点では国内で約8割あった現金決済を2025年までには約6割以下まで低下させようとしている。しかし既に現金の出番がほぼ無くなってきている中国や韓国に比べる

と、その差は歴然としている。

　興味深いのは、日本において現金決済が減らないのは決して技術的問題ではないということである。むしろ技術的にはとうの昔にその準備は整っていた。オンライン銀行およびクレジットカードやICカードを使った電子決済の導入時期は欧米諸国に比べても遜色なく、また電子マネーについては、現在とは形式が異なり各自専用の読み取り機が必要なものの、日本でカード式が登場したのが2001年、携帯電話に搭載されたのが2004年というかなり早い段階であった。現在、中国の携帯支払いでも普及しているQRコードは、もともとは日本のデンソーが開発したものであることは既に述べた。

　それでは、技術的優位性を抑えてまで、現金に代わる新たな決済手段が日本市場に受け入れられなかった原因は何であろうか。中国で電子決済普及のきっかけとなったネットショッピングやメッセージアプリは日本にも前からあったのに、なぜ進まなかったのか。そもそもEC化が進まなかったのは前述したように実店舗の充実ぶりと信用が影響しており、EC利用においても、キャッシュレスの主要な手段は中国のような電子決済ではなく日本ではクレジットカードとなる。そしてクレジットカード決済は導入コストの高さから未だに実店舗で敬遠される例も少なくない。またメッセージアプリを介しての決済は、個人間送金への需要の

問題と、制度的に義務付けられた煩雑な本人確認もネックとなって浸透しなかった。

　また、市場決済の当事者である消費者と販売者の双方に現金決済への根強い評価もある。まず日本の消費者意識の特徴として挙げられるのは、現金への信頼の高さである。偽物を摑ませられる可能性はほとんど無く、いつでもどこでも使える安心感があり、実際に支払った実感をより得られるという現金の強みを依然感じる国民が、高い現金決済比率を支えている。

　日本では硬貨製造や紙幣印刷の技術水準の高さが偽物を駆逐し、災害が起こっても特別な機器を用いることなく扱うことができ、物質的な増減を実感できることから浪費を防ぐ側面もあると評価されている。また、コンビニ内も含め市街地の至る所に設置された ATM が現金流通を支えている。さらに、現在ほぼゼロの預金利息はいわゆる「タンス預金」と言われる現金を貯め込む慣習を維持させる。

　他方で販売側には、非現金決済のための機器の導入費や、カード会社に決済の都度支払う手数料の高さが障壁となっている。店舗によってはその分の手数料を消費者に負担させる習慣も未だに残っており、結局は双方とも現金決済に流れる環境が存続している。

　加えて日本で決済の両当事者に共通するのは、逐次の決済情報が利用されることへの心配である。個人情報の漏洩がプライバシー侵害に繫がりかねないことや、

店舗の売上詳細が税当局に丸裸にされることに懸念の声がある。特に日本の中小企業は約7割が赤字経営と言われている一方で、収入・支出には不透明な部分があることも否定できない。電子決済でこれらが明らかになることの不都合が、現金決済の優位性を維持しているとも言われている。

それでも、膠着状態を打破しようと近年の日本でも急速に動きが活発になっている。民間では、新ビジネスを目指すネット企業が巨大な資本力を背景に普及に乗り出し、中国大手のアリペイ（支付宝）やウィーチャットとの連携も進めている。銀行も、本業で後塵を拝すまいと業界での対応を広げている。政府も、現金の製造や流通および決済にかかるコストを削減し、新産業の創出にも繋がるという社会的意義を期待し、積極的な支援策を決定した。2019年秋の2％の消費税増税時から翌年6月末までの期間、対象店舗での非現金決済には消費者に代金の最大5％還元を導入し、実質減税措置となった。

これらは、市場参加者に非現金決済の「便利でお得」という両方のメリットを感じてもらうために、まずは「お得」という側面を強力に打ち出して招き入れるアプローチである。基本的には導入しなければ困るということでもなく、また毎年発生する自然災害は現金決済の意義を残し続けるため、急速な普及にはやや勢いが弱いかもしれない。個人的な体験からは北京に

住む筆者が感じたのは、非現金決済へのより強い必要性を背景とした普及環境であった。現金使用は敬遠され、クレジットカードもほとんど使えず、移動に便利なシェア自転車だけでなく生活に不可欠な洗濯機ですら携帯支払い以外は受け付けられない、という事態に直面し、強制的な後押しにより第一歩を踏み出したのである。

どちらにしても使用開始後はその利便性も加わり不可逆であるため、大事なのは如何にその最初の一歩を越えるのを後押しするかである。使用する消費者が増えるほどインフラとして定着し、結果として導入事業者にも行政にもメリットが広がり、社会的意義は高まる。既に短期間で非現金決済に数歩も踏み出した中国人からしてみればもどかしくも感じるであろうが、日本も置かれた環境下で動き始めている。

旺盛な創業意欲がネットと出会う

北京では「大衆創業・万衆創新」という言葉をよく目にする。これは大衆による創業、万人によるイノベーションという言葉の息吹が社会に浸透しつつあることを表している。すでに述べたように、2014年9月のダボス会議で李克強首相が初めて提唱したものであり、近年ではアリババ集団やテンセントの成長に鼓舞された優秀な学生や経済人がリスクを恐れず起業し、

それを支える資本家との拡大サイクルが広がりつつある。人気のテレビドラマにも「創業時代」「創業年代」といったタイトルが示すように起業の困難や喜びを魅力的に描いているものが多い。現在の中国では年間440万社、1日平均にして1.2万社が誕生していると言われている。

　「中国大学生就業報告」によれば、中国の大学生たちが卒業後半年以内に起業するのは、2010年には全体の1.2％の割合だったのが2015年以降は約3％で推移している。卒業後3年までの起業では6.3％とさらに上がる。ある学生の親は「昔だったら考えられなかったが今では子供の判断も理解できる」と漏らしており、まわりの慎重意見による抵抗も減りつつある。創業資金の原資は3/4以上が両親や親類および友人を含めた自主資金によるものとされ、政府援助は4％、民間のベンチャー資金は3％と意外に少ない。それでも、95％以上の新卒起業家が失敗すると言われる厳しい環境下、政府や大学の積極的な取り組みが目立つ。政府は旧態産業ではもはや労働力の吸収が難しいことに危機感を感じており、大学側は自らのブランド力向上と収入増に繋がることへの期待が背景にある。

　中国で社会として起業・創業を後押しするのは近年に限ったことではなく、もともとの風潮としても自ら経営者となることを好み尊重する考え方があった。サラリーマンのように常に上司の顔色を気にするような

こともなく本当の自由を手に入れることができるという憧れと、自らの力で事業を立ち上げることへの尊敬の念が浸透している。逆に言えば、どれだけ大組織や大企業の社員として偉くなっても本当の成功とは広く捉えられていない。香港一の富豪に仕えた霍建寧氏（フォジャンニン）やビル・ゲイツのもとで出世した唐駿氏（タンジュン）は、社員でありながら巨額の富を築き「打工皇帝」（サラリーマン皇帝）と呼ばれている。しかし霍建寧は退職後に受けたインタビューで「心残りがあるとすれば自らの会社を起こせなかったこと」と答えている。唐駿はマイクロソフト中国代表含めいくつかの会社の CEO を務めた後、最後には自らで会社を立ち上げている。

　起業・創業を尊重する文化は、挑戦の結果としての失敗に対する寛容さをも併せ持っている。中国では「人生十年河東河西」という言葉があるように、10 年失敗しても次の 10 年で成功するという考え方がある。今回失敗していても再起して成功を収める可能性があると自らに言い聞かせるだけでなく、まわりもそう考えるため、失敗した者が助けを求めてきた時にはできるだけ助けようとする姿勢があるという。前述のような創業を扱うドラマでも、登場人物たちが失敗を経て再度創業を重ねていく姿を必ず映している。

　伝統的に「民以食為天（民は食を以て天と為す）」というように食を重視する中国社会では、飲食業が成功しやすく、飲食で起業して事業拡大の基盤をつくると

いう傾向があった。確かな需要があることと起業ハードルの低さも強みであろう。インターネットの普及も物理的・経済的に創業のハードルを下げ、中国人の旺盛な創業・独立意欲を掻き立てることに繋がっている。近年では、この食とインターネットの両分野を繋げるネットイノベーションによる新たなビジネスも展開されている。その一つが出前アプリを成功させた「餓了麼（ウーラマ）」である。

　餓了麼とは中国語で「お腹すいた？」という意味である。その名の通り使用者が空腹時にアプリを通して、現在の時間および場所に出前が可能な選択肢を確認し、注文と決済まで行うことができる。2019年の時点で国内7億人の登録ユーザー数を有し、国内2000都市で加盟飲食店130万超からの出前サービスを展開している。代表者は1985年生まれの張旭豪氏であり、2008年に設立して現在では1万5000人超を雇用する。さらに傘下の配送グループの配送員は300万人に上る。きっかけは、張旭豪氏が上海交通大学時代に寮で仲間たちと議論していた際、深夜に出前を頼めずに空腹で朝を迎えたことにある。創業のための12万元（約210万円）は同志たちが親や親戚、友人から借金をしたり奨学金を持ち出してかき集めたものだった。その後、大学の創業基金からも20万元（約360万円）の資金調達を受けることに成功する。さらに彼らの大学には創業のために休学が認められる制度もあったため、これを

利用するものもいた。

　餓了麼の起業当初は現在のような携帯アプリ形式ではなく、アナログな電話による注文の受付と学内で自転車を漕いでの配送という形式だった。中国の大学のキャンパスには学生はもとより教師たちの家族も住んでいるので、日本の大学からは想像することが困難なほど大きく、上海交通大学でも学内に5万人という一つの都市並の規模である。このような一定の人口がまとまった閉鎖的な空間でサービスの提供を試運転できるのも、中国の学生ベンチャーの強みである。7万人を擁する清華大学のキャンパス内でも、自動配達ロボットが日々テスト走行している様子を見ることができる。ちなみにシェア自転車で当初業界を率いていたofo も、もともとは北京大学の学生が校内で始めた事業である。

　上海交通大学で出前を始めた張氏たちはその後も、電動自転車の導入や、周辺店の広告費によって作成された小冊子の配布によって規模を拡大していく。システムも電話からパソコンへ、そして現在の携帯アプリへと繋がっていくのである。餓了麼という名前が示すように提供するサービスが明確であり、あくまでネットやアプリはその手段であるということが、その発展の経緯からもよく分かる。

　餓了麼はまた、顧客の満足度や配送の質の維持にも気を配っている。注文から30分以内に顧客に届けら

れない場合は料金に割引が適用され、一方で配送員には罰金が科せられる。このような緊張感のもとで24時間の配送サービスが日々提供できるのも、300万人の配送員がいるからである。働き方改革等で勤務時間や条件に厳しい日本や欧米では難しい体制が支えているのである。またメニューの種類の豊富さ等にも後押しされ、中国では出前アプリを使用した経験がある人は、艾媒諮詢社の調査(2021年)によれば一般消費者全体の約9割という巨大な市場になりつつある。

　餓了麼の成長は民間のベンチャー投資家を魅了し、アリババ集団も含めこれまで約30億ドル(約3500億円)の投資を受けている。2016年の利用者が約2億人だったのが、2020年には7億人を超えるという成長性からしても、そうした資金調達の大規模化はうなずけよう。現在では餓了麼に投資するアリババ集団の他に、ネットの巨人と呼ばれる三社のうちの残りの二社、テンセントと百度(バイドゥ)も同サービスに参入しており、その後百度の百度外売が餓了麼に買収され、アリババ集団とテンセントの二強が資金力を背景に中国全土で熾烈な競争を繰り広げている。

　日本の「2020年版中小企業白書」には、成人人口における「起業活動者」の割合の国際比較が掲載されている。ここでいう起業活動者とは、準備も含めて起業に取り組んでいる者を指している。上位は米国と中国で、10〜15%の間を推移しながら年々順番を入れ

替えている。日本は安定して5%前後を推移しており、上位二か国とは成人人口全体の差も含めると起業活動者の規模ではかなり差をつけられていると言える。

それぞれの国家の生い立ちや経緯が違うように、底流にある国民性の違いも依然として存在している。欧州から危険を冒して独立し荒野を開拓した米国人には、フロンティア精神が備わっているのも理解できる。新たな分野を開拓し成功を収めた人生をアメリカンドリームとして称賛し、挑戦を促す希望にもなっている。

一方で、社会主義国の中国人が個人での独立や成功を尊重する背景は複雑である。いくつかの要因に共通しているのは、「自らを守る」ための消極的な結果であるという点である。歴史的には、人民は王朝が変わるたびに自分たちの置かれた環境も一変し、20世紀に入ってからも文化大革命のような大変動に晒されてきた。さらに巨大な人口を抱えた国家での生活は、仕事から日常から、常に他人との争いを強いられる。そのために環境変化や他人から自らを守るためにも独立への思いが強いというのが、中国で学んだ一つの分析である。

ともあれ、中国の伝統的に高い独立起業意欲に加え、アイデアを形にすることをより可能にし市場も一気に広げることのできるインターネットの普及が、さらなるイノベーションを後押ししていくものと想定される。

第3章

創新・創業を支える大学コミュニティの内側

大学で孵化する起業家たち

　新型コロナの影響で休校が続いていた北京の有名中学校で、教師が学生たちに薦めていた学習用アプリがある。悉之教育（Xizi Education）社による、AI を利用して効率的に自習を進められるアプリ「AI 教師」だ。利用者の回答に応じて、AI が説明を最適化し、正しい答えの導き方を示す。中高生向けの課外学習専門校でも同社のアプリ利用が広がりつつある。

　悉之教育社と彼らの取り組みを筆者が初めて知ったのは 2018 年 5 月、清華大学毎年恒例のベンチャー大会「学長杯」の決勝大会だった。

　開会の挨拶に壇上に立った副学長は、上着も着ていないしネクタイもしていない。続いて祝辞を述べる経済管理学院の教授は、ポケットから取り出したスマホを見ながらスピーチを始めた。発表する学生には T シャツ短パンの者もいる。

　訪中直後のことでもあり、筆者が勝手に抱いていた清華大学の厳格で伝統的なイメージは崩れたが、それ以上に精力的で開放的な創業志向を確かに感じ取るこ

とができた。この大会で彼らは、優勝は逃しつつも人気賞を獲得した。

清華大学でのベンチャー大会は毎年行われ、審査には卒業生からなる成功した起業家たちも協力している。約半年をかけて審査に残った10傑による決勝では、各チームのプレゼンと来場者や審査員による評価を経て順位が付けられる。金賞は工業用ロボットを開発し既に製造と工場への導入を進めているチームで、賞金は10万元（約180万円）であった。このベンチャー大会を主催するのは、「x-lab」という清華大学のインキュベーション施設である。

x-labは、李克強首相が2014年に「大衆創業・万衆創新」政策を大々的に発表する一年前の2013年に設立され、MBAコースにあたる清華大学経済管理学院をはじめ機械工程や情報技術、美術や医学まで幅広い学部と連携している。現在では、清華大学および関連施設や団体で広がる、創業エコシステムの重要な一角を担っている。

x-labの役割は、学生の創意や創新を促すためのソフトおよびハード両面での支援に集中している。創新のアイデアに繋げる講義では、環境や高齢化等の国内課題、および、最近ではSDGs（持続可能な開発目標）をテーマとして発表や討論会を行っている。また、アイデアを形にするための作業スペースや3Dプリンター等を備えた施設の提供も実施されている。学生たち

はそうした支援を受けつつ、また前述のベンチャー大会等の機会を通して、現実的なビジネスモデルの構築や経営面でのノウハウを身につけていく。

x-lab が展開する講義や創業支援には、約7年間で延べ4万人を超える清華大学の学生が参加、有望案件に対する融資額は2019年度だけで22億元（約400億円）に達し、累計関連企業は1481で、内訳は579が情報通信関連、221が教育、医療健康が139と続く。深圳やシンガポール拠点との連携も深め、清華大学内ベンチャー大会も2019年度からは日本の東京大学やカナダ、ドイツなど国外の大学も含めた国際的な取り組みに広がっている。国内では高校生向けにも創業に関する講義を行っている。まさに「大衆創業・万衆創新」政策の実行部隊といえる。

2019年夏、北京の主要駅でまだあどけない顔立ちの青年の大きな広告写真を見た。どこかで見た顔だなと思いよく見ると、清華大学のベンチャー大会でも発表した「AI教師」というアプリを宣伝する、悉之教育社の最高経営責任者 CEO だった。

彼らはあの大会の翌月に前述の課外学習専門校を擁するグループから1000万元（約1.8億円）の投資を受け、同年10月の全国創業大会で金賞を取り、2019年3月には4000万元（約7億円）の融資を受けている。その展開の早さに驚いた。しかも彼ら経営陣はほぼ20代前半で CEO は清華大学を卒業したばかり。さらに最高

技術責任者 CTO はまだ 19 歳の学部生で、16 歳で清華大学に入学した才女であった。

　清華大学の創業エコシステムには、中身が優れているとみれば一気に後押しするカネと環境と市場が備わっており、その成功がさらに上下の世代を惹きつけていく強みが感じられる。身近な先輩や現役の仲間たちの活躍は学内からの参加者を増やし、背後にいる OB や企業家たちがさらなる支援の輪を広げている。

寛容と挑戦を重んじる風潮

　毎年恒例の「世界大学ランキング 2022」が 2021 年 9 月に英国 Times Higher Education 社から公開された。

　上位は従来通り英米両国の名門大学が占め、1 位が英国オックスフォード大学、2 位が米国ハーバード大学と米国カリフォルニア工科大学の二校、4 位が米国スタンフォード大学となっている。日本の大学では東京大学が前年から順位を一つ上げて 35 位、次の京都大学は前年から順位を七つ下げて 61 位で、その後は続かず上位 200 校にはこの二校のみである。

　アジアでの最高位は清華大学で、アジアの大学として史上初のトップ 20 入りを果たした前年からさらに四つ順位を上げて 16 位であり、前年から七つ上げて同じく 16 位となった北京大学と共に、トップ 20 入りを達成している。中国の大学では他に復旦大学が 60

位、浙江大学が75位と続き、上位200校には前年から三校増えて全部で10校が入っている。中国の上位校のほとんどが前年から順位を伸ばしているのが注目される。

ランキング評価は教育環境、研究、論文引用、事業収入、国際性、の各項目の総合点から行われ、分野別に各大学の強みだけでなく弱みも確認することができる。

日本の上位二校に関して項目別に評価すると、教育環境や研究の点数は比較的高く、事業収入も過去から改善傾向にある。例えば今回の東京大学の事業収入スコアは2018年版から約35点も増加した88点と健闘している。しかし日本の大学の評価が概して低いのは国際性であり、それに伴う国際論文の引用数も低い。逆に言えば、これらを改善すれば世界的な評価がより高まることは明確であるものの、長らく改善の兆しが見られていない。

一方で中国の上位大学に見られる傾向は、国際性と論文引用数の評価が日本よりはやや高いが欧米には劣り、その一方で産学連携や事業支援による事業収入は世界的にも非常に高く評価されていることである。世界上位200校に入る中国の大学のうち、清華大学、浙江大学、上海交通大学は事業収入スコアが100点満点であり、北京大学も93点と高い。

2021年における中国の大学予算でも、一番高い清

華大学の 317 億元(約 5700 億円)のうち前年度からの繰り越し 88 億元(約 1600 億円)を引いた 229 億元(約 4100 億円)の内訳は、政府助成が 20%、事業収入が 55%、寄附や関係企業からの収入等その他が 25% となっている。事業収入 127 億元(約 2300 億円)は主に学費収入と研究開発収入から成り立っており、学費は大変低く抑えられていてわずか 10 数億元(約 180 億円)のみであることから、100 億元(約 1800 億円)を超える研究開発収入が大学収入の柱となっている。

　つまり、大学が約 8 割の収入を自らで賄っていることになる。しかも企業からの委託研究や共同研究の引き合いはますます増えており、教員数は限られていることからも、受託単価は年々上がっている。筆者が顧問を務めるわずか 100 人ほどの新興 IT 企業が一教授と共同研究について相談した際にも、数億円の金額が提示され、すごすごと退却した。さらに専門の研究院設立の規模になると年間 10 億円を超える費用が必要とされる。それでもキャンパス内では至るところで新たなビル建設が進められており、ある電機関係の企業が共同研究を打診したところ、もはや新たな実験施設等はキャンパスの外で探した方がいいとも助言された。

　他の中国の上位校についても、2019 年の分析からは、最も政府助成金を受け取っている北京大学を除けば財政面での独立性は比較的高いことが分かる。ちなみに日本の文部科学省によると、2018 年の日本の国

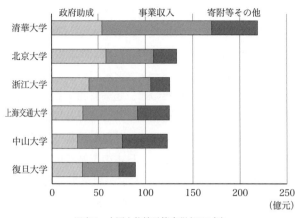

図表9 中国上位校予算内訳(2019年)
(中国教育部統計より作成)

立大学の収入内訳では、政府からの運営費交付金が年々減少しているとはいえ41%を占め、その次に多いのは附属病院収入の29%、学費等が14%、研究開発収入はわずか8%となっている。国立大学は2004年から法人化されたものの、財政面での独立性は未だ高くはないのが現状である。

　中国の大学で事業収入が多いのは、大学が核となった研究開発や創業エコシステムが発展しているからである。しかも国外の団体や企業との連携も活発であり、開放性が高いことも特徴であるが、意外にもそうした事実はあまり知られていない。例えば清華大学は、東京都や北海道、愛知県といった日本の地方自治体やトヨタをはじめとする各企業との交流関係も広く、2020

年秋には経団連との共同講座もスタートしている。

　経団連との最初の講座では、清華大学五道口金融学院の田 軒（テンシュアン）副院長が経団連所属の約60人の日本企業の幹部に、中国のイノベーションについて見解を示した。そこで興味深かったのは、起業に関する日中双方の考え方の違いが垣間見えるやりとりであった。

　田副院長が講演で「中国の大学生の起業の失敗率は95％」と話したことに対し、日本の出席者から「なぜそんなに成功率が低いのに大学が起業を奨励するのか」との質問が挙がった。田副院長は、「若者の活力や感性に期待している」という理由の他に、「失敗を容認させるため」という理由を挙げた。大学側は事前に学生に対して失敗してもいいのだと伝え、たとえ失敗したとしても再起を促すようにしているとのことである。大学だけでなく、社会や国にもそのような見方があることを学生たちが認識するからこそ、挑戦に繋がるとの回答だった。

　筆者がこれまで仕組みとして観察してきた、失敗を許容し挑戦を促す創業エコシステムの根底に流れている理念を感じた瞬間であった。

　エリート教育というと、日本でも官僚主義に繋がると指摘されてきたような「なるべく失敗をしないこと」を評価する傾向が考えられるが、その場合の弊害として生まれるのは「失敗を恐れる減点主義や前例主義に終始し、他人の失敗を許容できず、自らの失敗も

認めない」といった文化であり、これはイノベーションには結びつかないどころか障害にさえなり得る。田副院長が講演で一貫して主張したのは、失敗の重要性であった。

コロナ禍で今後欧米の大学が研究収入を減らし、かつ既に米国で見られるような外国人教員や留学生および外国企業を排除する動きが進めば、ランキング評価においても欧米と中国の大学との差はさらに接近すると見られている。そしてそれは欧米と中国との間の将来のイノベーションの接近をも示唆しており、失敗を許容する創業エコシステムを擁する中国の大学の存在感は、数値以上に密かに着実に高まっている。

中国市場への橋頭堡とする外国企業

「大家好！」(皆さんこんにちは！)

2019 年 4 月 21 日、清華大学の講堂で両手を広げて 500 人超の学生に挨拶したのは、トヨタの豊田章男社長であった。同日、トヨタは清華大学と連合研究院設立に合意し、社長が記念講演を行ったのである。講演中、聴衆からは拍手や笑顔が絶えず、社長の人柄や講演スタイルへの好印象も伴い、中国でのトヨタへの支持や期待が確かめられる反応であった。

その後、2020 年初頭からの予期せぬコロナ禍を迎えた夏には、各企業の 2020 年度第一四半期(4〜6 月)

の決算発表もほぼ終了したが、苦戦する自動車業界の中で黒字はトヨタとスズキの2社のみで、他の7社は全て最終損益で赤字に転落した。

またスズキは損失の一部を特別損失に振り替えたため、同社幹部が認めるように実質的に営業赤字であり、トヨタの健闘ぶりが光るものとなった。トヨタはそのつい3か月前の5月に発表した2020年度予想では「連結営業利益80%減」と市場を驚かせていただけに、予想を覆す業績回復は再度驚きをもって迎えられ、株価もコロナ急落直前の2月末の水準にまで戻していた。

トヨタの世界市場での第一四半期販売台数は前年同期比で約3割減少したが、5月の同社見通しが示していた約4割減までは悪化しなかった。これを支えたのは、前年同期比でむしろ約14%増となった中国市場での販売である。中国事業の大幅な黒字拡大がグループ全体の黒字を維持したと評価されている。7月の中国販売台数は16万6000台と前年同月比で約19%増となり、反対に約19%減となった米国販売の16万9000台といまや並んでいる。これは中国経済全体の復調が背景にあるだけでなく、トヨタ車が中国の消費者に着実に受け入れられている結果でもある。

トヨタは中国で「植樹15年、教育25年」を積み重ねることを重視しており、ここでは先に紹介したようにトヨタとも縁の深い清華大学との関係を含め教育分野に注目してみよう。

トヨタは 1964 年にクラウンを輸出して以来、中国と 50 年以上にわたって関わってきた。現地進出は 1980 年からの整備技術指導やその後の製造技術援助を通してであり、全土に拡大したネットワークをもとに 2002 年から乗用車の本格生産を始めている。並行して、トヨタは清華大学とは 1998 年から毎年技術検討会を行い、2003 年から共同研究を開始し、「グローバル経済の持続的発展」といった中長期的な観点を育成してきた。

　その後 2005 年 3 月に清華大学公共管理学院との共同研究所を設立し、「産業発展と環境保全」に関する研究の独立性を尊重し学術活動には干渉しないという方針のもと、一期五年で三期合計 5400 万元（約 9.7 億円）を提供している。2006 年 3 月には、清華大学内に初めて社名が入った「トヨタ研究センター」を設立している。

　ここでは大気汚染などの環境分野、エネルギー、材料科学を中心により具体的な研究と論文発表を重ね、現在は三期目に入っている。その後も清華大学内の他の研究所で人工知能や燃料電池の各分野の共同研究を進め、改めて上述の通り 2019 年 4 月の豊田社長来訪時に「清華大学－トヨタ連合研究院」を設立している。ここでも環境問題の解決に加え、交通事故低減の観点からも優れた新技術を搭載した車両の開発・普及を図っている。また、トヨタは 2006 年に教育基金を設立

し、中西部の 20 の大学に通う貧しい学生たちが学業に集中できるよう資金を提供している。その額は 2023 年までの予定を含めた累計で約 8730 万元（約 16 億円）にのぼり、約 2980 名の学生が基金を利用してきた。

災害が発生した際には奨学金基金の範囲も被災地に拡大され、被災地で両親を亡くした孤児や大学生の研究補助に費やされている。さらに、清華大学や北京大学を含む全国 11 の有名大学から選抜された優秀な学生に対する奨学金の授与も行っている。

支援を受けた大学生たちは、現地のトヨタの自動車生産工場を訪問する機会が与えられ、トヨタの企業文化に触れながらモノ作りの意義や環境への配慮および「援助、互助、自助」といった理念を社会に広げることが期待されている。

「教育 25 年」を掲げるトヨタが中国の大学と積み重ねてきた取り組みは既に 22 年を過ぎた。商品である自動車の高い品質や現地雇用を増やす現地生産比率の向上に比べれば、地味で地道な教育面での取り組みだが、徐々に現在および未来の消費者の支持を重ねているように思える。

環境志向や持続的発展といった概念を浸透させながら自らの次世代型自動車への需要を拡大させていく戦略性と、企業の社会性や商品イメージを通して効果的に情感に訴えていこうという姿勢が透けて見える。講

演会や、キャンパスの特設会場でドリフト走行を披露する豊田社長を見つめる学生たちの目の輝きからは、期待が感じられた。

　トヨタをはじめとする日系および外国企業と大学との共同事業は、教育・人材育成から研究・開発といった通常の連携に加え、中国政府の方針や制度に影響を与えることを意図しているものも散見される。例えば、販売される製品やサービス規格にかかる技術・安全面での標準化方針に働きかけようと、企業と大学とが共同で取り組んでいる例も見られる。トヨタの今回の動きも同様の狙いが含まれているものと想像される。中国独自の標準規格が場合によっては外資企業への参入障壁となり得ることもあり、外資の特に製造業分野では自社製品の普及とコストの低減のためには標準規格への参画が必要となってくる。標準化への働きかけの分野はコンセント形状などの製品仕様から、安全性を確認するための試験規格なども検討されている。ある日系企業からは、本来は必要性の低い安全性試験を中国で求められるために年間多額の出費を余儀なくされており、何とか清華大学と共に状況を改善したいとの意向をうかがっている。

　標準化方針については、欧米ではいち早く2010年前後から積極的な働きかけを続けている。中でもエネルギー・環境、情報通信、電気自動車(EV)関連ではGE社、シーメンス社、インテル社、フォルクスワー

ゲン社等の大企業が個別に中国の政府、研究機関、大学と広範な協力を展開しているだけでなく、米国やドイツおよび EU の中央政府が主導して中国との間で産官学の包括的な協力プラットフォームを構築している。米国ではオバマ大統領、ドイツではメルケル首相が訪中の際には、同プラットフォームが受け皿となって、関連する声明を発表したり中国との間で覚書を締結している。外国企業にとっては、中国の市場への浸透や政策への関与といったビジネス戦略に関しても、比較的オープンな大学の位置づけが重要視されている。

大学と外部を繋げるサイエンスパーク

新型コロナの感染拡大が収束しつつある中国では、さらなる感染拡大を防ぐために携帯電話のアプリを通した個人や所属組織の情報共有が浸透している。

北京市では市当局がアリババ集団と提携し、住所や勤務先および身分証や顔写真等の個人情報に加えて、毎日の体温を含めた健康状態や市外へ移動したかどうかの GPS 情報をアプリを通して把握している。市外に出た際には携帯に警告が発信されるが、これを無視してもアプリの QR コードをスキャンすると「問題あり」と表示されるので、他者に伝染可能性を把握される。

いまでは海外からの入国者も含めて、全国的にアプ

リでの健康および感染可能性診断が普及している。そのため、感染リスクがある者への行動制限は課す一方で、そうでない者は通常通りの生活が保たれている。最近でも、知人が中国南部の廈門市に出張した際に、同地域に感染者が出たとのことでGPS機能も備えているアプリが「問題あり」と認識し、2週間以上も北京に戻れなくなったといって困っていた。他方で、外国人であっても強制隔離と行動制限が終わればアプリ上も「問題なし」との認識に変わり、ほぼ自由に行動が許されている。このような細かい条件に基づく政策の試行にもアプリでの情報管理が効果を発揮している。

　一方で、上海を拠点とするStarryMedia社は同様の機能にブロックチェーン技術を用いたGreenPassというアプリを開発し、主に国外への普及に努めている。中央集権的な情報管理を敬遠する利用者に対しても、ブロックチェーンを用いることにより情報の改竄防止や個人情報の保護を確保しながら、前述のアプリ同様の感染可能性の判断を可能としている。QRコードをスキャン後に緑色になれば「問題なし」と判断され、米国の医療系の事業所や研究施設で導入が進んでいる。

　同社を率いるブライアン・シン氏は清華大学のOBであり、清華大学の起業システムから生まれた起業家の一人である。創業にあたり、同じ清華大学のOBたちから初期投資や有形無形のサポートを受けたという。先に紹介した清華大学ベンチャー大会にも、彼のよう

なOB起業家たちが審査員およびスポンサーとして参画しており、後身の育成や同輩の支援に尽力している。

清華大学が卒業生含め校友から受け取る寄付は、2019年で国内最高の123億元（約2200億円）にものぼっている。2020年はコロナ禍のなか、大手不動産デベロッパーの万科集団創始者の王石氏が国内でも過去最高額となる54億元（約970億円）を寄付した。これを受けて清華大学は、わずか30日間で疫病対策を盛り込んだ公共衛生健康学院を急遽設立している。王石氏はこれまでも清華大学のMBAで講義をしたりベンチャー投資顧問の委員を務めたりと、大学との関係を繋いできた。

彼ら起業家と清華大学起業エコシステムを融合的に包みこみ発展させる役割を担っているのが、「清華大学サイエンスパーク（TUS）」である。

北京市の西北に位置する清華大学の正門前、すぐ隣にそびえ立つひときわ巨大な四つの高層ビルが、そのTUSである。77万平米の面積を擁し、その中に1500以上の企業が軒を連ねるTUSは、単一の大学が運営するサイエンスパークとしては世界最大規模である。

TUSの運営主体TUSホールディングスは2000年に設立され、現在では2000億元（約3.6兆円）の資産を運用している。特許申請件数の年間目標として3000件を掲げる清華大学の技術を起業に移転するプラットフォームとして、半導体の紫光集団、PC製造やエネル

ギー分野に強い同方集団とともに、清華大学の三大「校弁企業」（校営企業）の一角を占めている。

清華大学の起業エコシステムでは、アイデアを産み出す「創意」、そのアイデアを商品やサービスにする「創新」、ビジネスとして確立する「創業」、付加価値を社会に広げる「創造価値」、と四つの段階が認識されている。

主に前半の「創意」と「創新」を担うのが、講義やベンチャー大会を主催する前述のインキュベーション施設x-labであり、後半の「創業」や「創造価値」の分野を主に担うのがTUSである。これらは通常は「研究」「開発」「事業化」「産業化」と呼ばれる各段階に応じたものであり、各段階では目的とする方向性や相応しい企業体制も異なるため、移行の際に障壁が立ちはだかっている。研究が優れていても製品化ができなかったり、高品質な製品を開発しても商業化が難しかったりというケースである。

清華大学で見られる創業支援では、こうした障壁を充分に把握した上でそれらを乗り越えスムーズに移行できる対策が練られている。

後半を担当するTUSの具体的な取り組みとして挙げられるのは、巨額の資産による金融面でのサポートや、人材育成、経営コンサルティングなどと共に、大学も含めて各企業や個人が融合的に繋がるような環境の提供である。例年、交流や資金調達等に関する

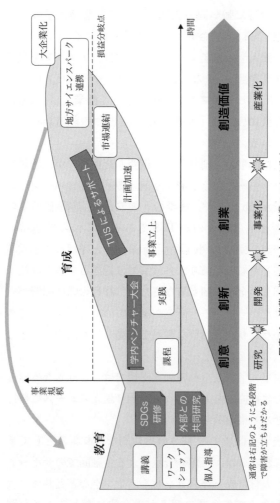

図表10　清華大学を中心とした創業エコシステム（筆者作成）

時間

創造価値

教育　育成

損益分岐点

大企業化

地方サイエンスパーク連携

市場連結

計画加速

TUSによるサポート

事業立上

実践

学内ベンチャー大会

課程

SDGs研修

外部との共同研究

講義

ワークショップ

個人指導

事業規模

創意　創新　創業　創造価値

研究　開発　事業化　産業化

通常は右記のように各段階で障害が立ちはだかる

3000以上ものイベントが施設内のどこかで開催されており、入居者たちはこれらのメリットを感じるがゆえに近隣と比較してもむしろ割高な家賃を払っている。

例えば、TUSにオフィスを構えるBlockcoach社は、ブロックチェーンのコンサルティング業務を行っており、TUSでの交流を通してパートナー企業や顧客を獲得してきた。隣接する清華大学のキャンパスにもふらっと出かけ、知り合いの教授と打ち合わせする機会もあるという。以前には施設を訪れた世界的投資家であるジム・ロジャーズ氏にプレゼンも行ったりと、環境を活用している様子が見受けられた。

今では日本も含め、国際的にもサイエンスパークの存在自体は珍しくないが、清華大学を拠点にするTUSは還流するカネと人材と技術のそれぞれの規模が圧倒的に巨大であり、結果として外部の市場でもたくましく発展していけるだけの有力な企業が涵養されている。

TUSホールディングスは総額650億円にもなる日本でのベンチャー投資を、2018年末より東京大学と提携して始めている。日中経済にどのような効果をもたらすか要注目である。

中関村——教育区が一大創業区へ

2020年のコロナ禍のなかでも、北京市の行動規制

は外国人向け以外は春以降早くも解除され、5月前半には例年のように有名校に子供の願書を提出する親たちが殺到する様子も見られた。

　市内の西北に位置する海淀区は、中国三大大学である清華大学、北京大学、人民大学が集結する文教地区である。これら大学の附属小中学校や有名校も多く存在し、中国では学区制のために教育熱心な親たちがこぞって住みたがることもあり、国内で最も不動産価格の高い地域の一つでもある。それも綺麗な高級マンションだけでなく、古くてエレベーターも付いていないようなマンションでも1億円は下らない。

　大学を卒業した若者たちは学内の寮からも出て自分で部屋を借りることになるが、家賃が高いために数人でシェアして住んでいる。バス・トイレは共同で、個室は各自分かれているものの、その狭い個室にもカップルが一緒に住んでいることも珍しくない。一方で中国の戸籍制度のもとでは、田舎からの出稼ぎ労働者の子供たちなどは、高額の私立校への入学が無理な場合は都市での教育を受けることができず、成長しても単純労働や日雇いで暮らす同世代の人間もいる。もしくは子供が泣く泣く親と離れて、田舎の祖父母の家から学校に通うケースも多い。

　この全国有数の文教地区である海淀区が、近年は中国のイノベーションの中心地となっている。これまで紹介してきた清華大学内外のインキュベーション施設

やサイエンスパークのような各大学に付随するものの他、中国科学院や多数の研究所も含めてより広範かつ域内の人材や資金の融合が進んでいるのが、海淀区内の「中関村」というベンチャー企業の集積地である。

日本からは政治・経済界双方とも、新中国のイノベーションの胎動を感じたいと、携帯機器のファーウェイ（華為、HUAWEI）やドローンのDJIなど世界大手が育つ深圳詣での視察団が絶えない。2018年の夏には静岡県議会議員団も深圳を訪れ、「日本もうかうかしてられないのでは」という無邪気な感想を残していた。しかし実は、起業の規模や水準ではここ北京が中国を率いており、その中心が清華大学・北京大学・人民大学という中国を代表する大学や研究機関を擁する中関村地域なのである。

中関村はかつて、日本でいうところの秋葉原のような電気街であったが、政府の創業政策にも後押しされ、ここ10年ほどで急速に国内外に名が知られる知的産業のハイテク基地になった。第2章で紹介した中国インターネット協会報告による国内100大企業の地域分布からも、北京が上海付近の長江デルタ地域、深圳や広州を含む珠江デルタ地域を抑えて最集積地となっており、人材や資金の還流する大学や中関村の存在が背景にある。

未上場かつ企業価値10億ドル以上のいわゆるユニコーン企業は、米国のCB Insightsによれば2021年3

月時点で591、また中国の胡潤研究院によれば2000年以降に設立されたユニコーン企業は世界で586あったという。そのうち突出しているのは米国と中国の企業であり、CB Insightsの数字では米国291、中国139、胡潤研究院の数字では米国233、中国227となっている。数字が若干異なるのは、未上場企業の価値算定は公開されていないデータを用いる必要があり、お互いの調査機関によって算定根拠が異なる結果といえる。米国のユニコーン企業のうち13社は中国人が共同創業者として参画している。

　どちらの統計でも、米国と中国で世界全体の7割強を占めていた。なお、日本企業の数はCB Insights調査で4、胡潤研究院調査で3であった。胡潤研究院調査には企業の所在都市も記載されており、ユニコーン企業出身都市別では首位の北京が2位のサンフランシスコを大きく上回っている。3位以降にも上海、深圳、杭州、南京と上位に名を連ねる中国の存在感が明確である。

　胡潤研究院による2020年ユニコーン企業の価値総額ランキングでも、全世界上位3傑は中国が独占しており、首位アントグループ（1兆元、約18兆円）は創業者ジャック・マー氏の故郷である浙江省杭州市だが、2位のバイトダンス（5600億元、約10兆円）、3位の滴滴出行（3700億元、約6.7兆円。その後2021年6月に上場）は北京の中関村出身である。他にも8位の快手（1950

図表 11　世界のユニコーン企業輩出都市（2020年）

順位	都市名	ユニコーン数	（前年比）
1	北京	93	(11)
2	サンフランシスコ	68	(13)
3	上海	47	(0)
4	ニューヨーク	33	(8)
5	深圳	20	(2)
5	杭州	20	(1)
7	ロンドン	16	(7)
8	パロアルト（米）	12	(2)
9	南京	11	(△1)
10	レッドウッド（米）	10	(1)

（出典：2020 胡潤グローバルユニコーンインデックス）

億元、約3.5兆円。その後2021年2月に上場）、12位の京東数科（1300億元、約2.3兆円）、17位の京東物流（900億元、約1.6兆円。その後2021年5月に上場）など、中関村の企業が上位につけていた。これら企業と共に、中関村自体も新興の創業エコシステムとして発展している。

　急激な成長が目立つのも中国企業の特徴であり、ユニコーン企業の中で設立が唯一2019年であったのが京東健康（500億元、約9000億円。その後2020年12月に上場）、2018年設立は世界で8社ありRLXテクノロジー（霧芯科技。140億元、約2500億円。その後2021年1月に上場）を含む5社が中国企業である。

　中関村の強みは、前述の清華大学のx‑labやサイエンスパークなどの創業エコシステムを包み込むように、さらに幅広い人材と資金が還流する仕組みを産み出し

図表 12 米国ユニコーン企業の業態上位(2020 年)

業　　態	企業数	時価総額合計 (10 億 USD)
サブスクリプション	37	65
AI	35	81
電子商取引	23	53
フィンテック	21	84
シェア	12	56

(出典：胡潤研究院)

図表 13 中国ユニコーン企業の業態上位(2020 年)

業　　態	企業数	時価総額合計 (10 億 USD)
電子商取引	39	70
AI	21	39
フィンテック	18	239
ロジスティクス	16	68
ヘルスケア	16	40

(出典：胡潤研究院)

ていることであろう。

　大学や中国科学院という最先端の科学技術研究の基盤に加え、より市場や生活に近い視点からアイデアを形にしていく環境が備わっている。2010 年あたりから、まだ起業にすら到っていない個人やグループが一日中滞在できる喫茶店が人気を博し、現在のシェアオフィスに近い環境が既に作られていた。著名な「ガレージ珈琲」からはシェア自転車の ofo や女性の健康管理の Dayima、写真加工の魔漫相机など、中国では誰もが知るサービスを創業した大企業が多く生まれてい

る。今でも、域内に多数点在するカフェではたびたび小中規模のフォーラムが開催されている。筆者がある平日の夜に参加した会では、北京大学の先生がブロックチェーンの可能性を語り、学生や社会人約50人が集まり熱心な議論が交わされていた。

中関村の域内で人材が還流するだけでなく、近年は海外で研究なりビジネスをしてきた「海亀（ハイグェイ）」と呼ばれる人材が国内に回帰しつつある。特に米国トランプ政権下で在米中国人技術者や研究員および学生たちはビザ取得や更新が厳格化され、中国への回帰が加速化しつつある。米国科学工学指標によれば、2017年の米国大学院の科学工学分野では全体の約4割が外国籍であり、博士課程の工学、数学および情報工学専攻では既に過半数が外国籍となっている。国別では中国が他を圧倒しており、2000～2017年に米国大学で科学工学関連の博士号を取得した中国籍の人数は約7万人と、2位のインドの約3万人を大きく引き離している。これまでは博士号取得後も約8割もがそのまま米国に残る意向を示していたが、米国の頭脳を支えていたとも言える人材が大量に中国に戻れば、中長期的に両国の力学バランスにも影響が広がると考えられる。

最近では米国の対中政策の影響だけでなく、急速に拡大する中国市場を目指して米国から還流する中国人も多い。筆者の友人である汪波氏も、北京大学卒業後

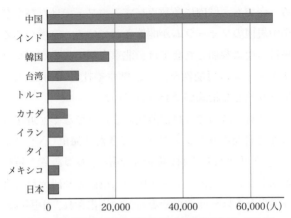

図表 14 外国籍別米国科学工学関連博士号取得者（2000-2017年）
（米国科学工学統計センター統計より作成）

米国のミシガン大学大学院で学び現地で創業して活躍していたが、外部環境の変化により現在は中関村でフィンテック企業を経営している。創業パートナーである呂 旭 軍 氏も同様に、北京大学を卒業した後に米国に渡りオハイオ州立大学大学院で学んでいる。二人は活動の舞台を慣れ親しんだ北京大学に近接する中関村に移し、2016年7月に会社を設立して3か月後には米国人投資家から420万ドルを調達している。

2020年3月発表のヒューマンリソシア社の調査資料によると、中国のIT技術者は227万人、日本の109万人の倍以上である。年間の伸び率も8.6%で、3.2%増の米国との差を縮め、4.8%増の日本との差を広げている。研究開発費の増長は2010年代前半まで

は毎年約10〜30％増、近年でも8％以上と、経済成長率を上回る速度で増大している。

　また中国は女性起業家の割合も比較的高い。世界の創業エコシステム15傑の中で、女性起業家の割合で北京はシリコンバレーと同等の16％で3位、同率1位は22〜24％の上海とニューヨークであった。

　近年注目されるのは中関村を代表するタクシー配車アプリ「滴滴出行」の柳青氏であるが、熊本産の豚骨ラーメンを中国最大のファストフードの一つにした「味千拉麺」の潘慰氏（第6章参照）や、携帯電話のガラス生産で世界一の女性起業家と呼ばれる「藍思科技」の周群飛氏など、成功した女性創業者は少なくない。2020年3月の胡潤研究院の調査によれば、一代で財を築いた世界の女性起業家10傑のうち、9人は中国人であった。彼女たちの活躍は優秀な女性を創業へ引き込む機会ともなろう。

　創業を支える制度と環境、さらには外部環境があいまって、中関村を中心とする中国の創業エコシステムはより発展していくと考えられる。コロナ禍の初期には市場への影響も心配されたが、今やそれをも力強く乗り越えている。

　米国スタートアップゲノム社は、ベンチャーキャピタルによる新規組成ファンド数を調査している。報告によると、2019年12月に比べて中国では2020年1月は58％減少、同年2月は73％減少となった。不景

気で特に減らされるのがベンチャー投資であるという傾向が如実に表れたのである。しかし、同年3月には前月の倍増となる2019年12月比34%減まで回復している。その後もベンチャー投資の回復は続き、2020年には約870億ドルと前年の約620億ドルを大きく上回り、2021年にはさらに約1300億ドルと史上最高値を更新している。コロナ禍でもむしろチャンスと捉え、5Gでの高速通信網もいち早く導入しながら新たなサービスを開発しているスタートアップたちが受け皿となった結果でもある。清華大学出身の李笛氏もAI技術を搭載したアバター（電子空間でのキャラクター）を提供する小冰社を2020年に創業し、2021年には大型の資金調達の結果、時価総額は12月には約65億元（約1200億円）を達成してあっという間にユニコーンに成長している。今後も中関村からはこのような新たなユニコーン企業が誕生していくであろう。

過熱する証券市場からも流れる資金

感染拡大による株価急落からの反発と中央銀行による強力な金融緩和を後押しに、日米欧を中心として世界的に証券市場が活況を呈しているなか、中国でも2020年夏からいち早く株価は回復し、約一年後の2021年夏頃から急落するまでは上昇基調を続けていた。その間、上海と深圳の両取引所の上位300銘柄の

指標である CSI 300 指数は、2021 年明けには 2007 年
10 月の史上最高値にあとわずかまで迫った。

　注目は、日米欧の株価上昇が大規模な金融緩和や経
済対策主導の結果であるのに対し、中国ではいち早く
景気回復の実態が伴いつつあった点である。コロナ不
況で世界経済が落ち込む 2020 年でも、中国は先進国
唯一のプラス成長であった。成長の見通しも背景に内
外からの投資を拡大する証券市場は、イノベーション
を牽引する新興企業の重要な資金調達機会になってい
る。

　中国本土では上海証券取引所が営業を再開したのは
1990 年、深圳証券取引所の設立も 1991 年と、現代社
会への浸透の歴史は比較的浅い。共産主義国家であり
ながら証券市場を導入したのは、国有企業の改革加速
化や民営化推進、さらに社会保障財源確保といった政
府側の思惑によるところが大きい。上海、深圳の両取
引所とも多くの業態の企業が上場しているが、傾向と
して上海取引所の方が金融やエネルギーなど旧来型が
多く、深圳取引所の方が IT やバイオ系が多い。

　日本でも見られたようにコロナ禍では旧来型の産業
が苦戦する一方で、デジタルやヘルスケア関連の物
資やサービスの需要が高まった。これを映すように
2020 年初旬の底値から 2021 年 2 月時点までの株価の
伸び率は、上海総合指数では 38% の一方、深圳総合
指数は 59% に達している。

その中でも、米国の NASDAQ や日本のマザーズに当たる新興市場はさらなる熱気を帯びている。上海取引所には「科創板」、深圳取引所には「創業板」と呼ばれる市場があり、それぞれメインの主板に比べて上場のハードルは低く設定されており、小型で新興でも成長の期待される企業が多く上場している。特に上場時の急騰がすさまじく、上場初日に公開価格の数倍もの株価になる銘柄も少なくない。上海の科創板では、2020 年 7 月に情報セキュリティ関連の国盾量子が取引初日に公開価格を 924％ 上回り、いきなりテンバガー（10 倍株）となった。深圳の創業板でも 2020 年 8 月、医療機器の康泰医学が上場初日に公開価格から 2932％ と約 30 倍にも一時急騰している。2020 年の新規株式公開では、数および調達額ともに両取引所が他をはるかに凌駕して世界首位を争っている。

　このように時には行き過ぎるほど過熱する現在の中国の証券取引の中心は、個人投資家である。新興市場だけでなく、全体売買の過半どころか約 9 割をも占めるのが個人投資家となっている。ただし上場企業には国有企業も多いことから、全体株式のうち個人投資家が保有する割合は少ない。それでも売買の大半を個人投資家が占めるのには、株式の多くを保有する法人はほとんど取引に参加していないという背景がある。

　個人投資家にとっては、未来のアリババ集団やテンセントになり得る魅力的な銘柄が取引所に並べられる

のも投資欲を掻き立てている。さらに、外部環境としても証券投資を後押しするような状況が浸透している。

　一つには、不動産市場への投資が制限されていることである。政府は不動産市場の投機抑制を大都市に要請し、これまでの物件の購入数規制に加え、金融機関に対して住宅ローンの総量規制も導入されている。その点、証券投資のほうは政府もイノベーションのための投資として奨励し、また大都市では一件数億円にもなる単価の高い不動産投資に比べて庶民も手を出しやすい。

　もう一つには、株式取引を容易にするアプリが普及している点があげられる。代表的なものは「同花順」であり、登録ユーザー数が重複も含めると実際の国内投資者数を超えるほどの普及率となっている。最近ではNASDAQに上場したFutuの「富途牛牛」も、同花順のかなり後塵を拝するものの米国や香港市場の情報を無料提供することで人気を博し、成長著しい。日本と異なるのは、同アプリで複数証券会社の口座が利用できることであり、同花順は9割の証券会社と提携している。投資情報料や広告料、口座開設手数料およびファンドの販売代行等から業績を伸ばしている。日本同様に証券会社自らがアプリを開発する傾向も見られるが、大手はともかく中小では充分な専門人材および研究費確保も難しいことから、提携維持が続く。

　中国の証券市場はこうして個人投資家を中心に、投

資を通して未来のイノベーションを涵養していく役割を拡大している。懸念としては、個人による短期中心の売買が過度に投機的になることや、一方で大量の株式を保有する法人が売買にほとんど参加しないため、市場の監視機能や経営改善を促す力が弱いという点も考えられる。

さらに、大量保有する法人がいったん売り出せば相場が一気に崩れるリスクもあり得る。現在は日本含め海外投資家からの投資も増えつつあり、世界金融での存在力も高まるなか、今後の変動から目が離せない。

第4章

ブロックチェーンに注力する民と官

蟹もワインも本物を保証

　最近の中国では、秋になると EC 大手 JD.com で QR コード付きの蟹が販売されている。消費者は蟹のハサミに取り付けられた QR コードを専用アプリで読み込むことにより、水揚げ後から自宅に届くまでの記録が確認できる。また読み取り情報には、販売業者による品質証明や第三者による環境調査報告等が含まれている。

　そしてこれらの情報はブロックチェーンを用いることにより、従来の書面による方式では防ぐことのできなかった改竄ができないようになっている。

　2019 年の秋には、習近平国家主席が「ブロックチェーンを国家として発展させていく」と高らかに宣言した。その後現在に至るまで、中国におけるブロックチェーンは民間での試行錯誤と政府の旗振りにより、社会に浸透する兆しを見せている。果たしてその普及は如何なる道筋を辿るのか、そして社会へどのような影響を与えるのであろうか。

　ブロックチェーンとは、ビットコインをはじめとす

る暗号通貨の基盤となる技術である。私たちが利用する日本円等の通貨は政府や中央銀行という権威が信用を担保しているからこそ、本来物質的価値のほとんどない紙幣や硬貨に、それをはるかに上回る市場での交換価値が認められている。この信用を、権威に代わって担保するのがブロックチェーン技術である。改竄が不可能に近い台帳の情報を多数で共有する技術である。つまり、これまで中央の権威や組織が一手に担っていた情報管理を、平等な多数者で担う仕組みである。

　ただし、通貨自体の需給による価格の変動や、その通貨の保管場所の安全までは管轄外であり、これまでこれら管轄外の事象や事件がクローズアップされることによって、暗号通貨のみならず基盤となるブロックチェーン技術にまで懐疑の目を向けられてきた。過去に幾度も日本国内で起こった暗号通貨に伴う事件は、その保管先の秘密鍵が漏れたために通貨が流出したのであり、取引全体の情報が改竄されたわけではない。

　このブロックチェーン技術の可能性に気付いた取り組みは徐々に広がり、今では既存産業や国家までもがブロックチェーンの活用を検討している。そのなかで先頭集団にいるのが中国である。

　出願人の国籍が中国であるブロックチェーン関連の特許案件数は、2016年に米国を抜くと、2017年には米国の約2倍、2018年には約6倍以上と、その差は急速に拡大している。また実際にブロックチェーンを

用いた産業内でも、中国がその存在感を高めている。

　例えば、2020年末段階で全暗号通貨の時価総額の約7割を占めるビットコインにおいては、取引量のシェアにおいても取引を支えるマイニングと呼ばれる認証作業量においても、中国系がそれぞれ過半数と、他を圧倒している。他にも国内外でブロックチェーンの多様な活用が進み、決済や生産流通管理、電子商取引、排出権取引といった幅広い分野で浸透しつつあり、企業だけでなく消費者にも身近になってきている。

　最近では高級食品の流通にもブロックチェーンが積極的に活用され、意識の高い消費者に安心を提供する一助を担っている。中国での食料品のネット販売の可能性は、想像以上に高いことは確かであるが、既に触れたように当然問題点も残っている。消費者にとっては品質が保証されているか心配でもあり、さらにはその前に安全性が確保されているかも重要である。そのためには、生産から流通に至るまで、いかに透明性を高くして消費者の信頼を得るかが求められてくる。なかでも食料品の場合は、味覚だけでなく消費者の健康にも直接の影響を与えることから、ネットを通してお互いの信頼関係をいかに構築できるかが問われてくる。日本では中国産の毒入り餃子の事件が消費者の記憶にあり、冷凍食品などの加工品も含めた中国食品全体への安全性に大きな陰をおとした。

　中国国内のネットでは加工品に留まらず、果物や海

鮮などの生鮮品も普通に取り扱われている。日本人からすれば、実物を見られる状況ですらその品質や安全性に慎重になる中国の食料品が、ネットで流通している実態は隔世の感がある。しかし今後の市場が大きくなるほどに消費者の意識も高まり、より安全性と品質への要求が強くなっていくことが想定される。

　一般の消費者にとっては、自らの五感で食品の品質や安全性を確認するのは必ずしも容易なことではない。我々が日々食しているものですら、その違いにはほとんど気がつかないことも普通である。例えば、かなりの頻度で消費することの多いビールでも、その場で飲み比べるような機会がなければ、単体だけで銘柄等を特定することのできる消費者は少ないだろう。ましてやあまり消費したことのない食品の、味覚のみならず品質から添加物の含有具合まで自らで判断することは不可能に近い。そこで、生産者からの情報提供が消費者にとっての大事な判断材料にはなるのだが、残念ながらそれも確実に内容を保証されるものではない。公的な情報すらその改竄等が疑われるなか、利益第一の民間事業者の情報をそのまま鵜呑みにすることは、危機管理意識が低いと思われるのが現代である。

　そこで、課題を解決するためにブロックチェーンの導入が広がり始めた。現在ではこのブロックチェーンを用いた情報を読み取る IC チップとの組み合わせで、高級かつ真偽の見分けが困難なワインや茶等の流通に

も普及している。ワインの例では、生産者がボトリングの段階でラベルやコルク等に導入された IC チップに情報を入力し、流通の各段階においてその情報に上積みしていく。消費者は携帯アプリでチップ情報を読み取ることができ、その情報は改竄不可能であるために真偽に確信を持つことができる。

　先に触れた蟹についても、特定の地域や会社のブランドを確立するために同様の技術が導入されている。生育の段階から取り付けられたチップで情報が管理され、積み重ねられ、消費者がその全てを自ら確認することができるのである。そのためにブランドの真偽の確認だけでなく、仮に安全性等に問題があった場合でもトラッキングにより例えば保存状況の悪化や長期化など、どこの段階で影響が大きかったのか理解することが可能になる。

　興味深いのは、中国でのブロックチェーン技術の普及が、これまでは政府が後押ししてきたわけでもなく、むしろ厳しくかつ予測不能の規制や取り締まりに晒されながらも発展してきた点である。今でこそ、中国のブロックチェーンは国家主席が後押しするような方針を示したり、中央銀行がデジタル通貨導入の示唆をしたりと官民一体のような風潮が感じられるが、当初は決してそうではなかった。

　中国ではまず2013年末に、金融機関が暗号通貨関連業務を行うことを禁止し、金融システムとは切り離

した。その後の 2017 年、国内の暗号通貨取引所に立ち入り検査を継続し、結局中国国内の取引所の業務は停止された。加えて同年秋には、ブロックチェーン企業が資金調達とコミュニティ形成のために新たに暗号通貨を発行する ICO（Initial Coin Offering）も禁止された。

さらには 2018 年、筆者が滞在していた北京では、暗号通貨関連の講演やイベントまでもが規制対象となり開催中止が相次いだ。また 2019 年には一時、暗号通貨の認証作業であるマイニングについても中国当局が禁止を望むリストに盛り込まれた。その後 2021 年にはついに、マイニングや暗号通貨を保管するウォレット等まで含めた暗号通貨に関する業務全てを禁止するとの方針が出された。

このような政府の北風政策のなか、暗号通貨やブロックチェーンに関わる事業者や消費者はたくましく生き延びているのである。

規制も国境も越えるたくましさ

筆者が顧問を務めるある会社の経営会議は、提携先のノルウェー企業のオフィスで、議論は全て流暢な英語で展開され、ビデオ会議には欧米のアドバイザーたちも参加していた。また別の会社では、自社の宣伝にセキュリティの高いロシア系 SNS を用い、スペイン

語圏、インドネシア語圏、ポルトガル語圏など世界12グループのユーザーと質疑を交わしている。

　これらはどれも中国国内の会社である。

　「中国新興企業の強みは何か」と聞かれた時、どのような回答が思い浮かぶだろうか。おそらく多くの方からは、「国家の後押し」であるとか「巨大な国内市場」といった答えが挙がるだろう。なかでも中国のIT事情に詳しい人であれば、中国政府のネット規制が海外企業を排除しているから、という点も指摘するであろう。以前東京にて「中国のイノベーション」をテーマにしたシンポジウムに参加した際、他の識者から要因として挙げられた多くはそのような内容であった。

　確かにこれらは、共産主義国家であり14億の人口を抱える中国の特殊事情でもある。しかしこの特殊事情を挙げる議論の裏には、基本的に日本企業の方が優れている、外部環境が同じであればきっと日本企業は勝てた、技術力や製品性能では中国企業は大したことはないだろう、とのプライドや余裕や言い訳が混ざった意図が感じられる。

　しかし、そこに焦点を絞るあまり、見えなくなる本質があることも指摘したい。

　ここではそうした見えない一面として、中国のブロックチェーン業界における民間経済の自律性を挙げておく。中国では「上に政策あれば下に対策あり」と言

われるように、民衆は制度に押さえつけられるだけで
なく、自ら制度を乗り越えるしたたかさを備えている
と称されている。それも、日本でよく捉えられる「制
度の盲点を突いた闇」的なネガティブな印象ではなく、
対応の賢さや巧みさといったポジティブな印象を含ん
でいる。中国のブロックチェーン業界では、まさにこ
の言葉通り「上の政策」に対して事業者も消費者も
「下の対策」を重ねてきた。

　中国のブロックチェーン業界に対する「上の政策」
は、前述したように長らく「国家の後押し」とは程遠
いものであった。日本での一般的な評価では、中国政
府は暗号通貨は厳しく規制するもののブロックチェー
ンの技術開発は常に奨励している、との内容をたびた
び目にする。確かに国務院の国家計画のなかにブロッ
クチェーンが取り込まれたりはしているものの、実態
は業界には逆風と呼べる政策が続いてきた。

　なかでも暗号通貨の取引や発行を禁止する政策は、
ブロックチェーン業者にとって自らの暗号通貨を通し
た資金調達や経済圏の拡大を制約するものでもある。
特に、当初は既存の暗号通貨の種類や性質が限られて
おり、幅広いサービスに最適化させるために企業は独
自の暗号通貨の開発や発行が求められていただけに、
なおさらであった。

　「上の政策」の対象となった暗号通貨の取引所運営
は、収益化が難しいと言われてきたブロックチェーン

業界のなかでも当初から有望視されてきた業態である。特に中国の暗号通貨取引量は圧倒的で、2016年には中国の三大取引所であるokcoin、Huobi、BTCCの合計のビットコインと人民元の取引は、世界の市場取引の9割を占めていた。

その背景には、2015年8月の人民元の切り下げ、および年間合計5万米ドル相当額以下という外貨両替の制限があり、中国の資産家にとって暗号通貨は国内資産を海外に移す際の貴重な手段でもあった。これが2017年に入ると、上述のように当局は国内の暗号通貨取引所への規制を強化し、やがて全ての取引所が閉鎖、国内での新規暗号通貨の発行(ICO)も禁止とされた。

この際、中国の取引所は拠点を香港や国外に移し、人民元を利用する中国人に対しては個人どうしの相対取引である店頭市場(OCT)で、また外貨や暗号通貨を用いる取引では従来通りの取引所業務で、展開していった。そしてこれら「下の対策」を追うように、ブロックチェーン事業者も中国本土から外に目を向けていくようになったのである。

例えば、先に紹介した筆者が顧問を務める中国の二つの事業体はどちらもシンガポールに登記し、新規暗号通貨の発行はグローバル取引所で行い、投資者を広く募り自社の暗号通貨を用いた経済圏を拡大するために、数十か国語に翻訳されたホワイトペーパーの発行

や主要言語別の国際的な SNS コミュニティの運営を行っている。2021 年に当局から発表された暗号通貨関連業務の全面禁止政策では、外資企業として中国でサービスを提供することも規制対象となったため、現在さらなる対策が検討されている。

このように、中国の民間経済は「国家の後押し」や「巨大な国内市場」の恩恵を受けずとも前進するたくましさを備えているのである。またその性質は実は自律分散型社会を志向するブロックチェーンと親和性が高く、中央集権体制での統制下で一見従順なように思われる中国人の意外な国民性としても興味深い。

理念を軸に経済圏を創造するリーダーたち

前述の東京で筆者が参加した「中国のイノベーション」をテーマにしたシンポジウムにて、討論者の間で明らかに意見が食い違う場面があった。それは中国人の仕事に対するモチベーションの出所に関してである。

現在既に中国系精密機器メーカーの経営者であり、またこれから中国有数の製造業の経営陣に就かれる発表者の方々からは、とにかく中国人の仕事のモチベーションは目先の金銭がほとんどであるとの主張がなされた。社員を引き留めるのにも常に金銭的な問題がつきまとうとの説明がなされた。

対して筆者や中国の新興企業の研究者の方からは、

最近では夢や理念といったものもモチベーションの重要な要素であると指摘したところ、彼らからはおよそ信じ難いといった反応が返ってきた。

　確かに現地で中国人を雇う立場の日本人からは、中国人社員から事ある毎に給与の引き上げを求められたり、辞める際にも退職金が少ないと揉める例もあると聞く。他方で、特に新規産業においては、これまでの中国人観を覆すような人材が増えてきていることも事実である。例えばIT分野では、日本でも有名なアリババ集団創業者のジャック・マー氏を筆頭に、中国社会独自の課題解決や生活の利便性拡大を事業として成長していった例も多い。目先の利益だけでその先は無関係という意識から、自分たちの商品やサービスの提供が人々の生活や社会をどのように変えるかという、その先の影響を見越した歩みが見られる。

　そしてブロックチェーン業界では特性として、自らの事業の先にある理想的な社会像を描きながら仕事に邁進する人たちが多く見られ、それは中国人も例外ではない。特に独自の暗号通貨を発行する際には、その暗号通貨を誰がいつ獲得し、利用しようとするのか、といった各参加者のインセンティブを設計する必要があり、この設計の綿密さやそのコミュニティの新たな価値観が、どの程度の参加者を集めることができるか、つまりは事業の成否を大きく作用する。言わば未来社会像やビジョンが売りであり、事業としての良悪の判

断がつきにくかった初期には中身のない計画ですら期待を煽り資金を集めることができたので、詐欺が横行したほどである。

筆者が中国の二つのプロジェクトに参画した経緯も、まさにこのようなビジョンに惹かれ強く共鳴したからでもある。一つはブランド品等の「本物の価値を守る」という理念のもとにブロックチェーンを用いた生産流通管理を行うものであり、もう一つは「中間組織による搾取を無くす」という理念のもとに電子商取引市場での手数料を減らしたり購入情報を自ら管理する、という取り組みである。

前者のプロジェクトには、誰もが知る世界一流ブランドに以前勤務していた CEO の想いが込められている。ブランド力が高まるほど模倣品・海賊品が横行し、それらがテロや犯罪組織の資金源になっている状況を変えたいとの想いであった。

後者のプロジェクトは、さらに大目標として「経済成長の利益を直接的に全ての人へ」という理念を掲げ、現存する一部の特権層による権威主義的な搾取構造を改めて、新たな社会構造を実現することを謳っている。かつて日本で「小さな政府の実現」を掲げて納税者や次世代の負担を低減するために政治に取り組んだ筆者は、この大目標の一文を聞いた時に雷に打たれたような共鳴を感じた。

そしてこのような普遍的な理念追求型性質は、筆者

のような海外アドバイザーを含めて世界中に参画者が広がり、ある者は発行された暗号通貨を求め、ある者は事業の将来に期待して投資を行う、というように中国内外に波及していくことも特徴である。

　そのような傾向からも、経営陣や参画者の視界や活動域は広く、既に紹介したように国際色豊かな経営会議やユーザーとの交流が展開されているのである。印象的だったのは、中国人の創業者やその周辺がビジョンやユーザーの声を重視するあまり、ビジネスの観点に立つ外国人パートナーやアドバイザーたちが時には失望するような場面も見られたことである。ブロックチェーンを用いてできる限り中央集権を排して分散型のエコシステムを構築するという理念が前面に出すぎて、「それではどこで儲けられるのか」とビジネスモデルとしての課題が指摘されていた。ここでは理念優先の中国人と経済利益重視の欧米人という、普通は逆に思われるようなやや奇妙な関係性も見られている。

　なお、2020 年末の段階で全暗号通貨市場取引の約 7 割を占めたビットコインは、簡明な経済的利益を中心としたインセンティブで成り立っているコミュニティ設計である。その明確さと普遍的価値観でここまで世界中に普及した、とも言えよう。そのビットコインと差別化をする必要もあり、他暗号通貨は新たな価値を模索し搭載している側面もある。

デジタル人民元で中央集権の強化へ

　中国では 2014 年から中央銀行がデジタル人民元の
研究を始め、長い間開発が進められてきた。そのなか
で、2020 年 5 月に初めて公式にデジタル通貨試行の
場所と内容が具体的に発表された。指定された深圳、
成都、蘇州、雄安新区の四か所では買物をはじめ税金
や給与の決済等に普及が進み、2022 年開催の冬季五
輪会場でもホテル、スーパー、レストランや交通手段
で試験的に導入されている。

　中国国内では既にアリババ集団のアリペイ（支付宝）
やテンセント社のウィーチャットペイ（微信支付）とい
ったデジタル通貨決済が日常生活に浸透しているから、
あえて人民元をデジタル化することに世論の関心は高
くない。実際に国内では既に普段の生活で現金を使う
ことはなく、政府・民間問わずほぼ全ての場所で携帯
電話によるデジタル通貨決済が可能になっている。市
内のどんな小さな商店でも問題はなく、今や地下鉄も
専用のカードに入金して利用する必要もなく、携帯電
話を改札にかざせば通過できる。交通違反の罰金も携
帯に請求が来て、携帯で決済が終わる。市民は万一携
帯電話の充電が切れた場合に備えて現金を保持してい
る程度である。

　新たなデジタル人民元導入の際にも、使われ方はこ
のような既存のデジタル決済と基本的に変わらない。

ただ、信頼性や安全性といった面で優位性があるとされている。例えば、既存のデジタル決済はアリババ集団やテンセント社およびそれらに紐付いた市中銀行の信用に基づくものであるが、デジタル人民元は決して倒産することのない中央銀行の信用に基づくという安心があるという。また技術的には、デジタル人民元はネット環境が無くても利用できるために、災害時にも問題が起こらないという利点がある。

それでも、中国での既存のデジタル決済システムもネットワーク体制も半ば公的なインフラとして安定して運用されており、だからこそあらゆる公的機関でも信頼されて利用されていることを考えると、デジタル人民元による差異は利用側の国民にはそれほど感じられないだろう。意義があるとすれば、利用対象となる外国人や管理する側の政府である。

現代のデジタル決済大国中国において、外国人の旅行者や一時滞在者は唯一といっていいほどその恩恵を受けられないばかりか、むしろ滞在時に不便に感じる点が多かった。利用できれば便利なアプリのほとんどが中国国内の銀行口座や電話番号と紐付いたデジタル決済ありきで、これら口座も電話番号も持たない外国人にとってみれば、既に触れたようにシェア自転車に乗ることやタクシーを呼ぶことはおろか、宿舎の洗濯機を利用することすらできなかった。北京の週末の夜の繁華街では、アプリ経由でタクシーを手配しても長

時間待たされるほどであり、流しのタクシーはほとんど見かけない。北京の六本木のような三里屯の路上では、毎週末のようにタクシーがつかまらず途方に暮れている外国人旅行者たちが見かけられた。

デジタル人民元では、外国人観光客や一時滞在者にとっても、現金からの換金は中国国内の銀行口座も不要とのことであり、空港の換金所やATMを通して中国のデジタル決済の社会にも入ることができる。そのため、冬季五輪で迎える大勢の外国人には不便さを感じさせることがなく、途上国からを含めた多くの訪中者に高い関心を与えた。

また、デジタル人民元の管理者である中央銀行にとってもメリットは大きい。制度設計では従来の金融制度を維持しつつ金融政策の権限や効力も保持し、通貨の流通経路の把握もより可能になる。中央銀行が発行したデジタル人民元を市中銀行は既存通貨と引き換えに受け取り、利用者は現金か口座預金と引き換えに市中銀行からデジタル人民元を受け取る。

つまり、市中の通貨量も既存の金融制度も変わらない。なお、消費者からデジタル人民元を受け取る商店等は既存のPOS設備を利用するとのことで負担はない。一方で、デジタル人民元の国内での流通および海外送金に関しても管理能力が高まる。利用側の個人情報の登録によって使用限度や使途を設定でき、マネーロンダリング防止や通貨保護に繋がると期待されて

いる。

　中国政府が香港や広州、マカオ周辺をデジタル通貨決済の重点地域としているのも、このような効能を背景としている。また、発行・流通・管理の全般にわたって、既存IT体制や暗号化技術、セキュリティ分野といったハード・ソフト両面での改善や発展が期待されている。セキュリティ上ブロックチェーンを用いるとの検討もあるようだが、あくまで中央集権体制であり、ビットコインのような権威機関を持たない分散型の仕組みとは完全に異なる。

　中国のデジタル人民元は着実にその構想を現実化させつつある。既に中国社会には利便性を牽引役としたデジタル決済のインフラが定着しており、導入への障害は少ない。2021年11月初めまでには国内で1億4000万人がデジタル人民元の口座を登録している。既存のデジタル決済手段やECサイトとの接続も急速に進んでいる。中国のデジタル人民元開発を後押ししたFacebook（現メタ）による暗号通貨リブラ（現ディエム）が頓挫に追い込まれた一方、国家体制と市民社会の利害とが合致するデジタル人民元を世界が目にする日は近い。

第5章

諸刃の剣を巧みに扱う政府

管理下での容認

　第1章でも述べたように、労働力人口の減少が進む中国にとって、経済成長の維持のためには生産性向上のためのイノベーション推進やインターネット活用といった戦略が重要視されている。インターネットを従来の情報通信産業としてだけでなく、金融、物流、医療、教育等他の多くの産業に付加価値を高める形で活用して、生産性の向上や新たな事業の拡大を目指したものである。

　推進方針の一方で規制面に関しても、中国国内でのITビジネス展開は他業界同様に中央政府の意向が大きく環境を左右する。法律や政策の変更によりビジネスモデルの実現性が根底から覆されたり、そもそも政府の意向にそぐわない場合は市場に参加することも難しい。

　例えばシェア自転車の ofo は、利用者のデポジットを資金運用できなくなったことによって経営難に陥った。また日本でそして世界的にも普及している Facebook や Instagram、LINE などの SNS アプリの多くは

中国国内では基本的に繋がらず、新規にダウンロード
もできない。Google は当初は第3章で紹介した清華
大学サイエンスパークに大きなオフィスを構えていた
ものの、2010年に中国政府の検閲方針に賛同できず
中国から撤退し、以後何度か復帰の可能性も示したも
のの実現せず、現在も Google 検索、Gmail、YouTube
は使用できない。

　最近では、リアルタイムでビデオチャットを可能に
するサービスに対しても、中国政府が何とか管理下に
置こうとする意志が確認できる。特にコロナ禍で人の
移動が制限されるなか、ビジネスでも当然の手段とし
てオンライン会議が一気に浸透した。これまでの副次
的な手段という位置づけが一変し、今や国内もしくは
近隣においてさえも不要な人的接触を避けるため、優
先して利用されるようになっている。

　そのソフト提供者の代表である米国の Zoom 社は世
界でユーザー数を増やし、2019年4月に新興市場
NASDAQ に上場した際の株式公開価格36ドル、初値
65ドルが、2020年10月には500ドルを超すほど高騰
していた。

　中国においてもオンライン会議は同様に進んでおり、
国内および国際的な会議はもとより、多くの大学でも
2020年は春節後に学生を戻すことなく全てオンライ
ンで後期の講義が終了した。清華大学でも卒業式すら
オンラインで開催され、卒業生は学内にある寮からの

荷物搬出のためにわずか二日だけキャンパスに入ることが許される程度であった。

　中国でオンライン会議に使用される主なソフトとしては、前述の Zoom に加え、テンセント社による「テンセントミーティング」、アリババ集団による「ディントーク」、米国シスコシステムズ社の「Webex」、またマイクロソフト社の「Microsoft Teams」が挙げられる。2020 年 3 月の iOS 版アプリのダウンロード統計によると、テンセントミーティングが 900 万、Zoom が 400 万とこの二つが他を圧倒している（3 位の Webex は 40 万）。その後、Zoom 社は中国本土への新規およびアップグレード版の直接販売を終了し、現地の提携企業と契約する方式に変更された。

　筆者も毎日のように会議に参加しているが、使い分けとしては 9 人以下の少人数では中国版 LINE のウィーチャット、中国側参加者だけの場合はテンセントミーティング、日本や海外の参加者も複数いたりある程度の規模になると Zoom が利用されている。

　その際に日本側からよく指摘されるのは、Zoom を中国で問題なく使えるのか、音声や画像が途切れたりしないのかといった点である。大事な会議であるほど途中で問題が起きては困ると、日本側の事務方からも念を押されるのだが、通信面での問題はほとんど経験していない。確かに中国のネット規制を知る人からは、中国国内で国際的にメジャーなソフトがほとんど使え

ないのと同様に、米国の Zoom も何かしらの規制対象
になり得ると容易に想像されるのだろう。

　その想像は正しいのだが、結論は異なっている。果
たしてその背景はどうなっているのだろうか。結論と
しては、中国での Zoom は中国政府の求める条件に従
って国内でのサービスが展開されていることから使用
が認められているのである。

　中国での Zoom が対応するデータセンターは中国本
土に設置されており、海外とのアクセスの際もまず国
内の管理されたデータセンターを経由することになる。
他方でそのために通信上の遅延も起こらず、日本側が
意外に思うほど中国側からの音声・画像がスムーズで
もある。

　通常、中国滞在時に外国のウェブサイトにアクセス
すると、通信遅延の問題が発生しページの開きが非常
に遅くなるが、これはインターネットの速度が遅いた
めではなく、ウェブサイトのサーバーサイトが海外に
あるためである。当局が管理下に置ける国内のデータ
センターを経由することになるため、Zoom は結果と
して、中国当局から認められた上で機能面での低下も
起こさずにサービスを展開できているのである。

　なお、Zoom には「国際版」と「国内版」があり、
中国国内で通常登録できるのは「国内版」である。
「国際版」では、ネットワーク拠点は必ずしも中国国
内ではなくユーザーに最も近い世界の拠点に直接接続

される。例えば、出張でロサンゼルスに行く場合、「国際版」Zoomはサンノゼのデータセンターに繋がり最もスムーズな通信速度で利用することができる。

　しかしこの国際版アカウントの登録は中国では制限があり、登録したとしても自ら会議を開催することができない。さらには、2019年9月9日に起こったように国際版アカウントへのアクセス自体ができなくなることもあり得る。また国内版のユーザーに対しても、2020年10月1日より、国際版Zoomで開催された会議に参加した場合は当局が個人情報を収集するといった規制が予定されていた。現在では中国の国内で国際版Zoomにログインすると、「中国版Zoomアカウントへの切換が成功しました」とのメッセージが表示されるようになり、利用者には戸惑いが生じている。

　さらに、中国国外での国際版Zoomアカウントに対しても中国の影響が垣間見られるようになってきている。2020年6月には、米国を拠点とする中国人の活動家たちが天安門事件の追悼集会にZoomを利用したとのことで、国際版アカウントを停止された。Zoom社が中国市場へのアクセスと引き換えに中国政府に従ったと見られており、Zoom社も、中国本土からの参加者が確認されたために中国法に基づく決断であったと認めている。

　Zoom社CEOで中国系米国人のエリック・ユアン氏は「我々は米国企業であり、中国企業ではない」と

強調し、活動家たちのアカウントは回復されたものの、米国での疑義と不安の眼は燻っている。直近では、2020年に中国系ビデオアプリのTikTokが米国から排除命令を出されただけに、より社会に根付きつつあるZoomへの対応にも注目される。

中国の外国IT企業に対する態度は、「我が家にあなたを歓迎します。しかし私はあなたを見守ります」と表現されている。つまり、当局の管理下で従うのであれば国内での営業が認められるということである。コロナ禍でやむを得ないこともあり、政治やビジネスといった重要な場面でもオンライン会議の利用機会は今後も増えていくだろう。その際に中国版Zoomは米国版や日本版のZoomと異なり、あくまで中国に見守られた客人であるとの認識を頭の片隅に持つべきでもある。

巨人を手懐けられるか

毎年11月11日は中国では「独身の日」とされ、ネットショッピングの各社がセールを行っていることは既に述べた。2020年はコロナ禍で抑制されていた消費を喚起しようと、セール期間も従来より延長され、売上も過去最高をどれだけ更新するかと期待されていたところに、水を差す出来事があった。

2020年11月10日、中国の国家市場監督管理総局

から「プラットフォーム経済領域における独占禁止指針案」がパブリックコメントを募集する形で発表された(締切は 11 月 30 日)。その直前の 11 月 3 日には、世界最大規模になると注目されていたアリババ集団の金融部門の子会社であるアントグループの上場が突如延期となったこともあり、躍進を続ける中国の巨大 IT 企業への政府の締め付けが強化されるのでは、と市場に警戒感が広がった。規制対象と想定されるアリババ集団やテンセント、京東やメイチュアン(美団)等の香港市場の株価は 11 日までに軒並み 10% を超える下落となった。

　指針案で主に対象となる独占的行動には、支配的地位の濫用、事業者の集中、排除権力の濫用、競争の制限などが含まれている。その中で支配的地位の濫用には、不公正な価格設定、ダンピング、取引の拒否や制限、不合理な取引条件、差別的扱いなどが明記されている。同時に指針案では、販促時の不当な価格設定、虚偽の宣伝、意図的に景品の当選者を特定するといった欺瞞的な販売を明示的に禁止している。行間の解釈や運用次第ではあるものの、全体方針は業界発展や消費者保護という名目下では割と常識的な内容でもある。なお、規制当局は指針案発表 4 日前の 11 月 6 日には中国の主要ネット企業 27 社の担当者を集めて会議を行っており、指針案同様の内容を指導している。

　それでも、中国の巨大 IT 企業による影響力の拡大

は止まるところを知らないように感じられる。ネット上の商取引や決済は年々増加し、コロナ禍のような一般経済に打撃を与える出来事もむしろ追い風として成長を加速化させている。取引増は新規出店者や消費者をさらに引き寄せ、そこでの取引手数料だけでなく購買に関わるあらゆる情報を積み増すことにより事業分野の拡大にも繋がっている。今回上場が延期となったアントグループは保険分野も手がけており、他にもアリババ集団全体としては不動産や薬品、農業や新エネルギーなど幅広い分野に進出している。

　広がる経済圏は参加者にとっても何かしらの波及効果を期待するバンドワゴン効果をもたらして、さらなる拡大を促すことになる。加えて将来の新事業を創るベンチャー投資に関しても、最近では巨大IT企業のような幅広い事業を自ら行っている企業からの投資に優位性が高まっている。金融機関を中心として短期の利益回収を目的とした伝統的なベンチャーキャピタルに比べ、長期的かつ自らの事業に資することを目指す戦略的な事業者からの投資は、イノベーションや創業の成功率が高いと評価されている。この点において中国では米国と異なり、テンセントとアリババ集団の二大IT事業者が有望な企業を自らのグループに取り込むべく、金融機関を凌駕する積極的な投資を行っている。

　今回の指針案が直接的に有効なのは、巨大IT企業

図表 15 世界の対ユニコーン投資企業トップ 10(2020 年)

順位	企業名	本社	ユニコーン数
1	セコイアキャピタル	米国	109(＋17)
2	テンセント(騰訊)	中国	52 (＋6)
3	ソフトバンク	日本	51 (＋9)
4	IDG	米国	41(＋10)
5	高瓴資本(ヒルハウスキャピタル)	中国	37(＋21)
6	タイガーグローバルマネジメント	米国	35 (−1)
7	ゴールドマンサックス	米国	32 (＋8)
8	アリババ集団(阿里巴巴集団)	中国	25 (＋3)
9	アンドリーセンホロウィッツ	米国	24 (＋4)
10	アクセル	米国	23 (＋5)

括弧内は前年比。(出典：胡潤研究院統計)

が高まる自らの優越的地位を背景に不公平な競争を行うことを防止する、というやや限定的な側面である。確かに現地では、中国の EC サイトで出品する日本のメーカーからの声として、従来サイトに加えて新たに別のサイトで出品しようとしたところ、従来サイトの運営企業から圧力を受けたといった件も聞いている。

このような状況に対しては今回発表された指針案が改善には繋がるかもしれないが、前述のように自然に拡大するエコシステムを止める手段にはなり得ないだろう。また直接的な圧力が無くても、いまやあらゆる業界に巨大ＩＴ企業の影響力が拡大しているため、その経済圏から離脱しようものなら「排除される」という不安を抱える事業者は、留まり続ける可能性が高い。

中国巨大ＩＴ企業への独占規制強化が容易ではない

背景には、広い中国では、地方の現地政府と巨大ＩＴ企業を含めた民間業者とが利害を同じくして協働する例が増えていることもある。

例えば、浙江省の杭州市は2019年秋、民間企業100社に政府職員を派遣する計画を発表して結びつきを強めた。市内に本社を擁するアリババ集団とは、あらゆる都市データを活用して、AIによって交通や災害対処および治安等の幅広い分野での都市問題解決に結びつける「シティブレイン」構想を展開している。

浙江省は全国的にみても民営企業が発展しており、近年でも国内の民営企業上位100社の輩出数でトップに立っている。地方政府にとって、多くの雇用や税収を産み出す民営企業の重要性は増している。共産党内部でも、出世に繋がる評価基準で主要な1つは担当地域の経済発展であることから、主要企業を後押しする傾向が見える。習近平国家主席は2002～2007年に浙江省のトップである党委員会書記を務めていた。当時でも浙江省のGDPの過半は民営企業によるもので、近隣に比べるとその割合は倍以上、就任期間中の浙江省経済の成長率は12.6～14.7％と、全国最高地域の1つであった。

現在では、民営企業は全国的にも雇用、税収、イノベーション等の分野で国家経済を率いる役割を果たしており、かつて地方政府を率いた習近平国家主席もその重要性を認めている。

それでも、社会への影響拡大と情報蓄積を続ける巨大IT企業への中央政府の底知れない不安はおさまることはなく、これまでも民営企業内部に共産党委員会を設置することを義務づけたり、民営企業の持つ情報を政府が取得できる制度を整えたりしてきた。2017年に成立した国家情報法の第7条では、「いかなる組織も公民も国家の情報活動を支持、協力しなければならない」とされている。結果として、このような方針が中国のスパイ活動を警戒する米国による中国製機器排除の遠因にもなった。だが、外国での諜報支援のためというよりは、国内では行政との協業からいまや公的な情報すら収集し得るまでに至っている民営企業を管理するための意図が感じられる。

　ただ、今回指針案が出された独占禁止規制の延長として、将来的に中央政府がたとえ巨大IT企業に資本分割を命じたとしても、彼らのエコシステムの分断やビッグデータの共有等まで規制できるのか、不安は残るであろう。

　2020年の独身の日セールの取扱額はアリババ集団だけで約5000億元（約9兆円）で、前年比約86％増を記録した。独占禁止指針案の発表で一時大きく下げた株価は、この時には他社も含めてほぼ回復しつつあった。市場からも成長の継続が期待されていたと言えよう。しかし、大きくなり続ける巨大IT企業をいかに管理することができるのか、もはや一蓮托生になりつ

つある政府は難しい舵取りを迫られつつある。

独禁法を振りかざすも本気度は？

　中国国家市場監督管理総局は 2020 年 12 月 14 日、アリババ集団のアリババインベストメント社、テンセントグループの閲文集団(チャイナリテラチュア社)、深圳市豊巣社(ハイブボックス)に対して、独占禁止法の違反行為があったとして三社それぞれに 50 万元(約 900 万円)の罰金を科すことを決定した。

　その少し前に同局は前述の「プラットフォーム経済領域における独占禁止指針案」の策定を進めており、いよいよネット企業大手への規制が強まるのではという観測が流れていた。その流れを受けて今回は実際に処罰がなされたことから、中国の国内メディアでも大きく取り上げられている。

　処罰の根拠としては、三社が大株主としてそれぞれの業界の企業を買収した際、本体と買収先との事業合計の売上高が「事業者集中宣布基準に関する国家評議会規定」第 3 条に定める報告基準に達しているにもかかわらず、いずれも買収前には法律に基づく宣布を実施していなかったとのことで、独占禁止法第 48 条に基づく罰金の最高額である 50 万元が科されたとのことである。各買収先については、ネット EC 大手のアリババ集団のアリババインベストメント社は卸売りや

小売業のインタイリテール社を、SNSやメディアに強いテンセントグループの閲文集団はメディア企業のニュークラシックスメディア社を、ITを使った宅配ロッカーの深圳市豊巣社は宅配便のチャイナポスト社を、それぞれ買収している。

各業界での市場占有率が高まることによる「事業者の集中」が、独占禁止法第20条の対象となった。罰金は軽いものの、規制当局が数年前の買収時の宣布義務違反をわざわざ取り上げて処罰したことからも、インターネット業界や市場への警告としての受け止め方が一般的である。ネット企業もプラットフォーマーも例外では無く、企業の合併や買収を通して特定の業界を独占することに対して、独禁法と市場管理当局の監督下での抑止効果が図られている。

この処罰の発表を受けて、アリババ集団を含めた対象企業の株価は14日午後に約2〜3%下落した。11月にプラットフォーマーへの規制案が発表された際にはネット大手の株価は軒並み約10%超という下落であったことに比べると、今回は市場全体へのシグナルと捉えられたことから、個別企業への影響は比較的抑えられたと思われる。

一方でこの独禁法違反事件からは、規制当局が警告を発したという意志は伝わるものの、処罰の根拠も過料からもやや迫力不足の印象が感じられる。インターネット業界では常に新しいビジネスモデルやサービス

が産み出されており、これらの新しいものを定義および規制するための法的規則の解釈等について、規制当局側もまだ学習段階にある中で捻り出したようにも見受けられる。

　11月の指針案策定時のように時には業界との意思疎通を通してのルール作りも必要であり、警告は発するものの、必ずしも高圧的に強権で致命的な手段をもって規制するという姿勢ではないように察することもできる。この事件についても、当局は対象企業に対し、事業の集中に関する違法行為の疑いを自ら解決するよう要請し、自己診断を通してできる限り即座に改善して対処することを望んでいると明らかにしている。企業側も、法律に従って買収による事業の集中宣布を提出し、管轄当局の審査手続きに積極的に協力すると表明している。

　こうした動きの背景には、前述のインターネット業界の特異性や、雇用と経済成長を重視する地方政府と民間企業の利害の一致などもあるものと考えられる。単純な「政府 vs ネット大手」のような対立構図ではなく、互いに暗黙の理解が少なからず存在している。

　何より国家主席の習近平氏が、現代のイノベーションの拠点である清華大学を卒業しその後も密接な関係を続けており、かつ過去にはアリババ集団の拠点である浙江省を発展させた経験からも、インターネット企業やプラットフォーマーへの理解と共存共栄への期待

が感じられる。習近平氏は2020年9月11日、北京での科学者との座談会で、「0から1」を産み出すイノベーションの重要性を強調しながらこう述べている。

「大量のデータと高度なアルゴリズムを備えたインターネットの巨人は、技術革新においてより多くを担当し、より多くを追求し、そしてより多くの成果をもたらすべきである」。

共産党政府という従来からの巨人がインターネットの巨人とどのように進んでいけるのか、その歩みは始まったところである。

政治闘争の様相が色濃く

その後、2021年に入ってからの中国政府当局からアリババ集団への厳しい対応は、ネット業界への締め付けというよりは、創業者ジャック・マー氏個人とその背後にいる旧政権関連の有力者たちの影響力排除に、目的がシフトしているように見られる。

当局の全体方針としてネット業界への独禁法規制の強化がありつつも、特に、2020年秋に金融統制を批判したジャック・マー氏への警戒感と、上場予定であったアントグループの株主構成から習国家主席の政敵になり得る勢力の関与が明らかになったことが、取り締まりへと繋がったと考えられている。

少年時代から浙江省杭州市の西湖のほとりで外国人

客を自転車で案内しながら英語を学び、大学受験や就職面接など数多くの挫折を乗り越えて成功したジャック・マー氏は、元来創業者を敬う中国人にとってのカリスマとなっている。これまで政府との関係は決して悪くはなく、マー氏自身も共産党員として忠誠の姿勢を示していた。

　今回のマー氏の舌禍事件の舞台となったフォーラムでも、王岐山国家副主席、易綱中国人民銀行総裁と共に招待されており、官民協力の象徴的な役割として期待されていたはずだった。マー氏も「金融イノベーションに対する新たな監督管理の役割」というテーマで演説を行い、現状構造を見直し未来への責任を果たすべき、と全体としては建設的な提言を行っている。本人も演説の冒頭で、自分は引退した身であり民間のフォーラムで思うままに考えを述べて視点を共有したい、と強調しているように率直に中国や国際金融システムに関する考えを述べている。演説内では習主席の言葉を引用しながら未来への責任を力説するほどで、必ずしも現政権の批判を主眼においてはいない。唯一挙げられるとすれば、「中国は問題を管理する能力は高いが、発展を促す監督の能力は足りていない」との一文であるが、それも「過去のやり方で未来は管理できない」という普遍的な提言の前段として述べられているに過ぎない。むしろ、国際的な金融規制として過去30年超にわたり用いられているバーゼル合意を

「老人クラブ」と表現した方が注目に値する。

　この演説を捉えて「マー氏は調子に乗りすぎた」ともっともらしく解説する分析には違和感を覚える。アントグループ上場直前のタイミングで、何かしら妨害しようとする意図が予め働いていたようにも思われる。

　その背景には、アントグループの大株主が江沢民元国家主席と関係が深い「上海閥」で占められていることがある。中国では「太子党」と呼ばれる共産党高級幹部の子弟たちが政財界で権力を保持しており、父親が元副首相である習近平国家主席も太子党に属していた。そのような世襲によって特権的地位にいる集団の中でも、江沢民元国家主席に近い非公式の派閥が「上海閥」と呼ばれ、国家主席に就くまでは習近平氏も同派閥に近かった。それが最高権力の座に就くと習氏は「上海閥」に反旗を翻し、汚職撲滅運動と称して特権階級層や自らを後ろから操ろうとしかねない江沢民グループを排除し、世論を味方につけていった。

　それ以前は政府高官と民間との間で接待が横行し、その際に振る舞われる貴州茅台酒は特殊な製造工程が必要なこともあって生産が追いつかず、値段が500mlで約4〜5万円にも高騰して庶民には手が届かなくなり、汚職の象徴となっていた。また貴州省では貴州茅台酒集団と党幹部の間で営業許可発行などが絡む利権構造が定着し、大規模な汚職事件として摘発されることとなった。

裸一貫で立身出世を成し遂げたジャック・マー氏も、アリババ集団が大きくなるにつれて特権階級との繋がりを拒絶できず、むしろ互いに利用するような形で、時期的・地理的な背景からも「上海閥」と近くなっていた。そのような関係がアントグループの株主構成にも反映されていたため、特権的地位の濫用を嫌い、ましてやこれまでの対立構造から「上海閥」が懐を肥やすのを見逃せない習近平政権に目を付けられたと考えられる。さらにジャック・マー氏にとって不幸だったのは、対中強硬姿勢を採る米国トランプ政権下では過去のアリババ集団のようにニューヨーク市場での上場という選択肢は難しく、中国当局の管理下にある上海と香港市場での上場を予定していたことである。

　結果としてアントグループの上場は直前に急遽延期とされ、当局からは抜本的な事業再編を求められている。また銀行業としての資本条件を満たすための資本基盤強化として、国有金融機関や政府系機構からの出資機会拡大が予定されている。これはつまり、経営において政府の影響を高め、ジャック・マー氏個人に加えて「上海閥」や「太子党」などの特権階級を中心とした既存株主の権限が希釈されることを意味している。

　さらに 2021 年 4 月にはアリババ集団に対して、2019 年の中国国内の売上高の 4% に相当する約 182 億元（約 3300 億円）の罰金が科された。アリババ集団 EC サイトの「淘宝（タオバオ）」や「天猫」出店企業

に対し、競合社である京東集団や拼多多のECサイトへの出店をさせないようにする慣行が以前から横行しており、独占禁止法違反として今回の罰金に繫がった。筆者もこの問題は日本の家電メーカーの現地担当者から常々聞いていた。多くが理不尽と感じつつも、圧倒的規模の経済圏から排除されるかもしれないとの懸念から、黙認されていたのである。3000億円超という罰金の大きさから、日本を含む多くのメディアでも中国IT企業への逆風として衝撃的に伝えられた。

　一方でアリババ集団の株価はその後2021年夏までは、香港市場、ニューヨーク市場で共に上昇に転じており、ある程度の想定内だったことや、独占禁止法の罰金額上限である前年度売上高の10％を下回ったことが楽観視に影響していた。中央当局の姿勢として、ネットビジネス企業としてのアリババ集団に対してはアントグループに示されたほどの執着心はなく、引退したジャック・マー氏の影が見当たらなければさらなる制裁の可能性は高くないのでは、との希望的観測が株価に一時的に示されるかたちとなった。

　ただし、舌禍事件以降ほとんど公的な場所に登場しないジャック・マー氏に対しては、当初身の安全を心配する声も上がっていた。それは、過去に業界2位にまで急成長した安邦保険集団の創業者であった呉小暉氏のケースが記憶に新しいためでもあった。中国保険監督管理委員会が保険業界に対する規制を強

化するなかで、大富豪呉氏は詐欺等の罪に問われて2017年に拘束され、2018年には個人資産105億元（約1900億円）没収と懲役18年の実刑判決を受けた。呉氏のビジネス形態そのものに問題があったとされているものの、呉氏自身が鄧小平一族の子孫のファミリーとして「太子党」の一員でもあったことが厳しい処罰に繋がったのではと囁かれている。その後、安邦保険集団は2020年に入って清算手続きに入り、完全に呉氏とその周辺の影響力は一掃された。

　ここでは中国政府による金融保険に対する規制、ネットビジネスに対する規制、既得権益層や政敵の排除、そしてカリスマ創業者に対する警戒、といった複数の観点が複雑に絡み合っており、それぞれの変数やその重要性が今後どのように変動するか予測することは難しい。さらに外国のネット企業に対しては、安全保障や国内治安維持といった観点も影響してくる。ジャック・マー氏が懸念したイノベーションの阻害にならぬよう、当局にとっても極めて微妙なかじ取りが求められている。

デジタル経済の要の半導体は内製化を推進

　今回の新型コロナ感染症下、日本の株式市場では低迷する多くの既存産業や一服しつつあるバイオ関連分野を横目に、2022年初頭に市場全体が暴落するまで、

一貫して株価が上昇し、上場来高値を記録してきた分野があったのをご存じだろうか。

　この状況下で社会に急速に浸透しているDX（デジタルトランスフォーメーション）関連やリモートワークを支えるPC関連機器やゲームなど、いわゆるウィズコロナかつアフターコロナといった、新たな生活形態に合致する銘柄が確かに注目され続けてはいる。しかし、結局それらを幅広く支える半導体関連銘柄の値動きはより底堅く安定していたのである。

　中国においても同様の傾向が見られる。2021年半ば時点で、中国の国内株式市場における半導体企業の株価は他のどの分野に比べても軒並み高騰していた。現地のベンチャーキャピタルに近況を聞いたところでも、「最近は経済的な影響もあり新たな投資は増えていない一方、半導体分野への投資は集中している」との回答であった。これは日本同様に、今回のコロナ禍でさらにデジタル化する社会の基盤でもある半導体分野への投資需要が後押しされた点に加え、米国との関係再悪化から改めて国産化を進めなければならないという環境変化も影響している。

　さらにさかのぼれば、今回の新型コロナ感染症をめぐる米中関係の悪化の前に既に両国間の対立は表面化しており、その直接的な引き金となったのが半導体分野を含む製造業における中国の国産化方針であった。

　中国は国内の市場規模が拡大しているものの、多く

の先端技術製品を輸入に頼っており、巨額の貿易赤字の解消や経済安全保障の確保のためにも国を挙げて国産化、技術開発、産業化を推進する方針を進めている。2015年5月に中国政府が発表した「中国製造2025」では目標時期と数値を定め、各産業における段階的な発展と国産化の推進を掲げている。

この「中国製造2025」は同時期に米国やドイツ、日本からもそれぞれ示された産業政策方針の類ではありながら、とかく欧米から批判の対象となった。中華人民共和国の建国100周年である2049年までに中国が他の製造業先進国を凌駕する、という野心的な目標を立てて国内を鼓舞する内容であるが、かわりに他国にとっては中国への脅威感を増すこととなった。現在の中国が他国に与える脅威感は過去の日本以上に強く、かつ「中国製造2025」では明確な国内自給率目標等も示されているので、その達成のために自国企業への多大な援助や優遇措置が予想され、競争環境が不公平になるのではという懸念が欧米諸国からは示されている。

半導体集積回路の目標としては、中国は2020年に自給率49%、世界シェア約43%、2030年に自給率75%、世界シェア約46%という数値が明確に示されている。2020年には実際に、中国は半導体集積回路の市場規模の世界シェアでは約46%と、需要面では世界の約半分を占めるようになっている。2000年には

同シェアはわずか約7%だったので、需要の拡大はすさまじい。しかし国内自給率は未だ低迷しており、比較的国産化が進む携帯用のチップやパッケージ等でも約20%で、プロセッサやGPU等の先端技術製品では未だ約2%程度となっている。そのため拡大する国内需要を満たすために輸入に依存し、中国の品目別輸入額で半導体は原油その他を圧倒して約3000億ドル（約35兆円）にまで達している。貿易赤字の拡大だけでなく、欧米との関係悪化から輸入による調達にも障害が出始めている。

　このような背景からも、中国では半導体分野への投資が加速していると言える。清華大学が運営する中国最大の半導体グループである紫光集団とその傘下企業も、積極的に資金や人材の調達、および研究や事業展開を進めていた。

　日本からは2019年、元エルピーダメモリ社長の坂本幸雄氏が副総裁として参画した。2020年初頭のシンポジウムで一緒に登壇した際、剣道で鍛えているという坂本氏からは並々ならぬ意欲を感じた。決して顧問的な位置づけで参画するのではなく、川崎市の施設を拠点に半導体メモリの核心的な研究開発を率いる役割を担っていた。

　紫光集団は半導体メモリ分野に10年で約13兆円の資金を投入する計画を擁していると言われており、重慶市の新工場で2022年から量産に入る体制を整えて

いた。2020年には複数回の社債の債務不履行に陥ったものの政府系ファンドによる再建が進められており、政府の半導体供給の内製化を目指す意志が強く働いているように見受けられる。

日本の教訓は生かされるか

中国で中央政府が半導体産業含め特定の産業分野を育成する姿勢は、過去の日本の方針を彷彿させる面がある。また結果として米国を刺激し貿易摩擦の激化に至った経緯も共通する点が少なくない。

先頭を走る者は常に後ろから追われ、それが特に異なる野望を持っているかもしれない新人であれば、支配される恐れを拭い去ることは難しい。米中貿易交渉は、中国の世界的なプレゼンスの高まりに対する米国の懸念を反映している。一方で先進国に取り残され、「中所得国の罠」に陥ることへの中国の懸念も理解できる。ドイツのインダストリー4.0や米国GE社のインダストリアルインターネット、日本のソサエティ5.0など、近年先進工業国が新たな戦略を次々と導入しており、追う中国は自らの比較優位が徐々に失われていくことを黙って見ているわけにもいかない。日本はこのような米中両者の視点を考慮した上で、双方との協力を通して公正でオープンな競争のもとでの相互的かつグローバルな発展を達成することを期待してい

る。その目標達成のためにも、日本は中国と共有することのできるいくつかの経験があることを指摘しておきたい。

現代の米中の激しい貿易交渉は、日本にとっては過去に米国から貿易の不均衡を調整するために長期にわたって圧力を受け続けた時代を思い出させる。当時の米国は、半導体の輸入割当等の直接的な施策に加えて、日米構造協議を通して日本の閉鎖的社会構造そのものを修正する厳しい措置を講じようとした。米国は、不公正な貿易慣行を有すると疑われる国に対する報復措置を含んだスーパー301条などの国内貿易法を利用し、日本を名指しで攻撃した。ワシントンDCの議会前で議員が日本製品を破壊するパフォーマンスに象徴される、激しい日本バッシングであった。反日世論や市場開放および輸出自主規制へのすさまじい圧力、さらには安全保障上日本を保護する立場を利用する米国に抗しきれず、日本は最終的に自主的な輸出制限、関税の引き下げ、政府調達と認証基準に関する国内規則の改正、輸入の拡大と国内生産能力の低下を容認することに追い込まれた。

米国は合衆国憲法で「議会は外国との通商を律する」(第1章8条3項)と規定されているように、通商政策においては各地域の雇用や経済状態および個別の業界などの声を反映する議会の影響力が強い。全体の利益を代表する大統領は議会から条約を締結する権限を

授権されて交渉にあたっているが、批准するのは議会である。また国際的な貿易投資に関する取り決めであるWTO協定は国内法に劣位することからも、米国の通商方針は構造的に保護主義的傾向になるのである。

日本は対米貿易摩擦の苦い教訓により国内市場の透明性を高めるとともに、日米二国間交渉のように圧力を真正面から直接受けるのを避けるため、多国間交渉による貿易制度枠組みの展開に積極的に取り組むようになっていった。また主要な輸出産業も、販売国への直接投資を増やすことで現地経済に貢献し貿易戦争を回避しようとしている。現在ではコマツ、ホンダ、川崎重工業は、米国での現地生産率が70%を超えており、トランプ政権時代の関税引き上げの脅威や為替レートの大きな変動下でも安定していた。さらに重要なことは、日本の輸出企業の米国雇用を増やすための継続的な努力が、地元で受け入れられたことである。

米国の通商政策に影響のある議会の理解を得るというのは、米国の各地域の有権者の理解を得るということである。長期にわたる地域の雇用拡大や納税を通して、日本企業は米国で理解を得る努力を重ねてきた。いくつかの企業は経営陣も日本人に限らず登用するといった現地化の取り組みを続け、例えばソニーのように、もはや米国人の多くが自国の企業と錯覚するようにまでなっている。

果たして中国企業がこのように米国内からの信頼を

得られるかは今後の課題ではある。また過去の日本の例と比べてもそれほど容易ではない。というのも、米国の対中国貿易への懸念は、貿易不均衡だけにあるのでなく、ハイテク産業を中心として中国企業と共産党政府とが切っても切れない関係だという点にもあるからである。いかに地域の雇用や税収に繋がるといえど、ソフト・ハード両面での国家のインフラへの影響や安全保障上想定できないリスクを考慮すると、米国が易々と中国からの投資を受け入れるとは考えにくいのである。米国にとってはいざとなれば自らの庇護の下から外すというカードを切れる日本との関係と、米中関係とは大きく異なっている。

　日本の教訓のもう一つは、政府主導の産業政策の意義についてである。当時の日本に対する米国の懸念の高まりは、世界的に「経済の奇跡」と呼ばれる日本の戦後復興に寄与したと認められている日本の政官業複合体からも生じていた。日本政府、特に当時の通商産業省は、主要な先進国集団に追いつくために大きな役割を果たした。一方で彼らは有名な、時には悪名高い産業政策の行使者であり、その評価は未だ功罪半ばする。大きな成功経験は後の進路変更を困難にしてしまった。政官業が密接に結びついて相互に既得権益を守ろうとする構造が、時代や外部環境が変わっても自らの保身を優先して変革の障害となったのである。結果として残念ながら、日本の政府主導の産業政策は21

世紀世界の経済競争のなかで有効であるとは、国内においても評価されていない。

　例として、国内の大手企業の半導体事業を統合し巨額の政府資金が投入されたエルピーダメモリは、設立から12年後の2012年に破産を申請した。液晶パネルの大企業であるジャパンディスプレイも、官民ファンドの資金投入のもと国内大手メーカーの関連事業を統合して設立されたが、設立当初から赤字体質が続いて不正会計も重なり、支援先も尻込みするというありさまだった。

　政府が主導する産業政策は、幼稚産業の保護や、旧型産業の縮小による社会的影響の緩和に対してはある程度効果的である。それらは「市場の失敗」を回避することを目指している。しかし同時に「政府の失敗」を引き起こした。民間が自ら業績向上を目指す努力ではなく、政府や官僚への働きかけを強め、旧態化した産業に必要な構造改革も阻害されてしまった。さらに、日本の縦割り構造は、分野横断的な新産業の新しい方向性を模索する際にも、個別の利権や領域の争いから大きな足枷となった。

　日本産業の成功例として頻繁に言及され、世界的に競争力の高い自動車産業は、必ずしも政府の支援によって成功したわけではない。当初二輪車メーカーだったホンダは、既に国内四輪メーカーが乱立するなかで新規参入に反対する政府を押し切って今の立場を築い

た。トヨタもまた、業界再編に伴い通産省から要求された赤字体質のプリンス自動車との合併に応じることなく成長した。日本の自動車業界は、このような独立志向が強く、勇気があり、屈服しない民間企業によって発展していったのである。

戦後復興から長年が過ぎた現代においても、政府主導の産業政策は存在感を失っていない。2012年、安倍晋三首相は、アベノミクスと呼ばれる対デフレ経済戦略を開始した。それは、金融政策、財政政策、成長戦略の3つの側面を特徴としていた。これまでのところ、最初の2つの効果は見られたが、3番目の効果は未だ感じられていない。アベノミクスの第3本目の矢である成長戦略の主要な構成要素の1つは、名目的には停滞した民間投資を刺激するためと謳われた官民ファンドの急増を伴う、伝統的な産業政策である。それらの官民ファンドは既に「政府の第2の財布」に変わり、不透明な運用と不充分な情報開示のもとで多額の税金の投入や省庁との癒着拡大が可能となっている。安易な公的救済で、本来は倒産に値する「ゾンビ企業」やクールジャパン機構などの多額の累積損失を抱える例が増えている。貿易交渉は日本に脅威と機会の両方をもたらし、機会のいくつかは活用されたが残りは通り過ぎて行った。

中国で筆者が意見交換した清華大学や北京大学の教授およびシンクタンク研究員などからは、日本の過去

の産業政策を肯定的にとらえる意見が多く聞かれた。これは日本国内では、結果が伴わなかったことや補助金の流用等から、どちらかというと否定的な評価が多いのに比べると意外でもあった。ある経済系の清華大教授は、「日本の産業政策がなぜ上手くいかなかったのか」という質問に「やり続けなかったからだ」と答えている。

　確かに中国の半導体産業についても、主力企業の財政悪化を顧みず官民一体となって「やり続ける」姿勢が見られている。国内での半導体需要拡大の一方で米国規制もあり国外からの調達が困難になる環境下、他に選択肢が少ないという背景もあろう。興味深いのは、中国の製造業では政府主導方針が目立つのに対して、インターネット業界やIT業界では既に述べたように活力ある民間が主導していることである。国内で好対照な二つの方針が今後どうなるか、政策関係者にとっても重要な考察の機会となるだろう。

「一帯一路」もデジタルで拓く

　中国の生産年齢人口（15〜64歳）がピークを迎えた2013年、ここから幾多の国家戦略が発表されていったが、同年秋に提示された「一帯一路」構想も主要な一つである。国内で発展が遅れている内陸部を整備すると共に、経済インフラを中心として中国から陸路と

海路を繋げる形でアジア・中東・欧州と広大なユーラシア大陸に中国の影響力と新たな市場を広げていく狙いが現れている。

最近はあまり聞かなくなったが、日本からも「東アジア共同体」といった構想があったように、近隣諸国を巻き込んで連携を進めようという国家戦略自体はそれほど珍しくはない。ただし、日本の例も含めてほとんどがゆるやかなフォーラム程度で停滞するのに対し、中国の場合はやや本気度が異なっている。構想の域内の多数国とそれぞれ大筋の合意についての協定文書を交わし、実際にインフラ建設プロジェクトを立ち上げて進めている。構想を資金面で支える役割としては「アジアインフラ投資銀行」を 2015 年末に発足させ、投融資案件を増やしている。

この一帯一路構想にも、中国の国内でインターネットプラス構想(第 1 章参照)が発表された 2015 年から、ITやインターネット分野が含まれるようになった。特に当該分野の協力を指して「情報シルクロード」、2017 年には「デジタルシルクロード」と改称されて呼ばれるようになった。2017 年に第 1 回目が北京で開催された一帯一路国際フォーラムでも、鉄道、道路、海運等の既存インフラに加えて、情報ネットワークインフラが協力分野に含まれている。具体的には光ファイバー、海底ケーブル、衛星通信網等で地域を繋げることが想定されている。また中国は 5G 通信網の拡大

にも積極的で、米中貿易摩擦の影響もあり欧米で中国ハイテク企業が締め出されるなか、「一帯一路」地域に力を注いでいる。受け入れ側も中国との政治的関係の考慮だけでもなく、製品の性能や費用を考慮した上でASEANを中心にファーウェイ製品等の導入が広がっている。

　ネット分野では、政府に歩調を合わせるように民間企業の動きも素早かった。2015年3月の全人代（全国人民代表大会）開幕式で李克強首相が上述のインターネットプラス構想を発表すると、その5月にはテンセント研究院が「一帯一路上のインターネットプラス戦略」を発表した。まずは国内においてインターネット普及率が低い東北地方や西北地方への取り組みを進めるとしながら、その先にはユーラシアや西アジア、東南・南アジアといった一帯一路地域への拡大を提唱している。

　もう一つの巨大ネット企業アリババ集団では、ジャック・マー会長が積極的に国内外の一帯一路関係の国際フォーラムに参加し、構想の重要性を説いていた。なかでもアリババ集団は一帯一路の中心に位置する中東を重視した。当時は中東地域でのライバルとなるアマゾンウェブサービスもまだデータセンターを建設していなかったことから、2015年6月には一足先に中東への橋頭堡となるドバイに、政府と関係の深い企業と協力を結びデータセンター建設を実現している。並

行して、東南アジアや欧州でも次々にデータセンター建設を進めている。データセンターによるITインフラの配置を基礎にしながら、電子商取引や決済およびネット金融、スマートシティ建設などの展開に狙いを置いている。

　現在では、東南アジアや南アジアでは既にテンセントのウィーチャット、アリババ集団のアリペイ等のサービスが広がっている。なかでも途上国では、銀行口座を持たない人にとっての決済や金融サービスの手段としての利便性が高いことから、自発的な需要の広がりも見られている。

　コロナ禍が世界に広がるなか、対人非接触や感染経緯追跡等を可能にする中国のネットツールが有効なことから、公的な後押しも広がっている。2020年11月には、一帯一路インターネット国際協力フォーラムが浙江省烏鎮で開催された。中国国家発展改革委員会、中国人民外交学会が主催し、中国インターネット協会が共催している。デジタル経済の重要性の高まりを背景に、国際的に感染対応、技術革新、政策ルール、経済貿易協力の分野での交流を強化することを目指している。中国の官民からの出席者に加え、アジア、欧州、中東からは代表がオンラインで討論に参加した。

　中国の影響力が既存の経済インフラからIT、ネット産業等の情報通信分野にまで広がってきたことから、米国の警戒も高まっている。通常のインフラ建設にお

いても、費用やスピードが強みの中国企業が主導となり、かつ相手国は中国が貸し付けた資金が返済できずに債務超過に陥るなど問題が指摘されていたところであった。情報通信分野での新型インフラについては、経済面での国際市場の占拠への恐れだけでなく、中国国内で活用されているようなあらゆるデータの囲い込みによって、幅広い業界で中国企業が当該国の経済を席巻する可能性もある。さらにはそれらデータを中国政府が利用することにより、当該国にとっては外交上の不利益や国民監視による内政干渉に繋がることも否定できない。既に中国は監視システムをフィリピン、エチオピアやエクアドル等に融資も伴って輸出しており、導入国からは治安維持での効果などの期待が挙がっているが、中長期的にみて国家主権への影響が憂慮される。

　なお日本はこれまでも、そして 2018 年に具体的に 52 案件が発表された日中第三国市場協力に関しても、実態はともかくとして「一帯一路への協力」という表現は避け続けている。日本政府は「一帯一路への協力」については否定はしておらず、開放性、透明性、経済性、財政の健全性といった国際基準に合致する条件であれば協力していけるとの考えを表明している。一方で、日中の第三国市場協力は日本の一帯一路構想への協力と位置づけられるものではない、とも政府は主張している。問題点が指摘される一帯一路との区別

を明確にするという思慮とともに、中国の勢力拡大を不安視する米国への配慮がにじみ出ている。相手国である中国では、商務部長が一帯一路の枠組みのもとで第三国市場における協力を展開するとも発言しており、その認識は日本とは異なっているように見える。

　また日本は米国の懸念に応えるように、2018年11月に「エネルギー・インフラ・デジタル連結性協力を通じた自由で開かれたインド太平洋の促進に関する日米共同声明」を発表している。同地域におけるエネルギー・インフラ・デジタル連結性を進展させるための日米の共同の取り組みにおける具体的進展を目指している。ここにあえて「デジタル」を含めていることにも米国の危機感が透けて見える。今後デジタル分野での米中対立が舞台を世界大に拡大していくことは明らかである。

第6章

日本にも「プラス」とできるか

何のためのデジタル化なのか

　中国で一人っ子政策を廃止し、「インターネットプラス」や「大衆創業・万衆創新」を打ちだすきっかけとなった生産年齢人口の減少は、日本ではより深刻である。日本の生産年齢人口は 1995 年の約 8700 万人をピークに、2015 年では約 7700 万人、2020 年では約 7500 万人と、既に 1200 万人以上が減少している。その後 1997 年頃からは物価が下がり経済活動が縮小するデフレが深刻化し、停滞を続けている。

　後にノーベル経済学賞を受賞したポール・クルーグマン教授は、日本経済が史上最低の低金利でありながら長期停滞するデフレ状況を、「流動性の罠」に陥ったと捉え、長期的なインフレ期待を高めるためにもインフレターゲットを導入すべきであると指摘していた。そのような背景から、2012 年に誕生した安倍政権下では、当時の日本銀行の白川方明総裁が「当面は 1% を目途とする」としていた消費者物価の前年比上昇率を 2% に変更する。さらには 2013 年に就任した黒田東彦総裁が「異次元の金融緩和」を発表し、岩田規久

男副総裁にいたっては「2年で2%の物価上昇」を達成できなければ退任するとまで公言したのであった。当時の衆議院財務金融委員会では、頻繁に黒田新総裁および白川前総裁への質疑が開催され、前・現総裁らの回答に対するメディアの注目度が非常に高かった。

　日本銀行の方針転換に対しては、それまで政権を担っていた民主党をはじめとする野党からは慎重意見が相次いだ。新政権の圧力に屈した転換は中央銀行の中立性に反するものではないかとの主張が白川前総裁にぶつけられたり、新体制による黒田バズーカと呼ばれて注目される金融緩和についても、そもそも2%の物価上昇を求めるべきではないとか、資産バブルを生んでいるとか、国債の引き受けによって国の借金を中央銀行が支える「財政ファイナンス」ではないかという意見や、早くも出口戦略をどうするかという議論が続いていた。

　金融政策の結果として、「2年で2%の物価上昇」という目標を掲げてから既に9年余りが過ぎた現在でも達成はできておらず、デフレ脱却に成功したとは評価されていない。それでも、中央銀行が通貨量を増やすことによって株式市場に流れ込んだ資金は、株価を上げて見た目の景気拡大に繋がったり円安傾向に繋がったことから、方針転換自体は間違っていなかったというのが自他共に認められている。黒田総裁はその意図は無いと否定するが、結果として今では財政ファイ

ナンスと見られる取り組みまで行われている。

　一方で、日本での異次元の金融緩和が思った通りの効果をもたらさないことに、旗振り役であったクルーグマン教授も自身の主張を思い返すようになった。2015年の論考では、日本の生産年齢人口の急激な減少を指して「恐ろしいほど残念な人口動態(awesomely unfavorable demographics)」が「長期停滞の主要な要因(prime candidate for secular stagnation)」となっていると主張している。金融緩和の権威として崇めたクルーグマン教授にハシゴを外された形になった黒田総裁に、ぜひ印象を聞いてみたい。なお、2%目標方針への転換前にはデフレ脱却の妨げとなる方針を主導したと批判されてきた白川前総裁は、2018年に上梓された著書で、デフレは人口減少によるものと主張している(『中央銀行——セントラルバンカーの経験した39年』東洋経済新報社)。遡れば既に2010年の段階でも、藻谷浩介氏が『デフレの正体』(角川新書)で、生産年齢人口の減少が日本停滞の影響だと提起している。

　人口動態では中国以上に深刻な状況が続く日本であるが、見方を変えれば、成長は難しいとしてもそれでも何とか現状維持を続けて来たのは努力の結果であるとも言える。ウィーン国際経済研究所が管理する「EU KLEMS統計」では、経済成長において三つの指標、すなわち労働投入と、資本投入と、そうした物量投入に依存しない生産効率の改善つまり業務効率の改

善や技術革新を示す TFP（全要素生産性）の、それぞれがどれだけ寄与したかを示している。

1995 年から 2015 年までの日本経済の実質成長率は平均で年 0.8% であったが、同期間での労働による寄与度は年平均 0.1% である。生産年齢人口が減少に転じた 1995 年以降の当初はマイナスに落ち込むも、質の向上を伴って近年はプラスに改善してきている。統計では、労働の寄与度を全労働投入時間と労働構成（質）の二点から分析しており、日本の場合は全労働投入時間の減少がマイナスに働いてきたが、労働構成（質）の寄与度の向上がその分を補って推移している。なお、同期間の資本投入の寄与度は年平均 0.5% でプラスを維持しているものの、1995 年以降の当初は 2% 弱だったのが、ほぼゼロに近い数値にまで減少傾向にある。生産効率の改善を示す TFP の寄与度は同期間の年平均で 0.2% となっており、年毎に大きくばらつきがあるものの上下のトレンドは見られない。

ここから想定できる日本経済の底上げ手段としては、まずは労働投入の量の減少を食い止めるために女性や高齢者が働ける環境を整備し、投入された労働力の質を高めるためにはスキル向上や業務効率化への後押しを行い、資本投入と生産効率 TFP を向上させるためにも情報通信分野の投資を促す、といった方向性になってくる。

実際に政府の方針もほぼこれと同様の施策が進めら

れている。総務省による 2017 年の「情報通信白書」でも、「人口減少下において経済を持続的に成長させるためには、労働参画の拡大のほか、教育・人材育成の充実による労働の質の向上等を通じイノベーションを促進し、生産性を上昇させることが重要である」との基本方針が示されている。ただし、安倍政権が始まった 2012 年からは災害対策等を目的とした国土強靱化方針に基づく非情報通信分野への資本投入が多かったせいもあり、情報通信分野への資本投入の寄与度はマイナスで推移してきた。この点は菅政権下で 2021 年に発足したデジタル庁が中心となって DX（デジタルトランスフォーメーション）推進を前面に打ち出していることから、改善が期待される。

　他方で、このような生産面での取り組みだけでは不充分であり、むしろ生産面での投入増・生産性向上に意義を与えて経済成長を実現するには、新たな需要を産み出す市場を開拓していかなければならない。生産を維持する努力が売上を維持するという面もあるが、硬直化した市場で売上の伸びが期待できないにもかかわらず労働投入や資本投入を増やすか、または生産性を向上させても、生産要素が過剰になるだけである。特にデフレ下の日本においては消費が増えないことが大きな問題でもある。生産年齢人口の 15〜64 歳は消費面でも主力であるため、この層の人口減による消費の減少をいかに補うかが重要な課題でもある。直接的

には、外の消費の取り込みとして海外輸出の拡大や訪日外国人客数の増大等の施策も有効である。

　イノベーションを定義した経済学者シュンペーターが類型で示したイノベーションの一つに、「新しい市場の開拓」がある。イノベーションの概念である「新しい組み合わせによる新しい価値の創造」の結果として、新たな市場を開拓できるかが経済成長にとってカギとなる。IT化、デジタル化を目指すとしても、国内外での消費をいかに拡大するかを見通すことができなければ、効率性や利便性の改善に止まり、もともとあった市場が置き換わるに過ぎなくなってしまう。特に政治や行政が旗を振った場合には、そのような生産サイドのみに偏った施策が多かった。菅政権もデジタル庁を発足させてDX推進を強力に推し進めると謳っていたものの、主目的は行政の合理化・効率化であり、民間に対しては旧型システムによる損害防止のためとされている。経済産業省が「2025年の崖」として、システム障害によって2025年から2030年にかけて年間12兆円の経済的損失を被ると不安感を煽るのも、その一環である。

　民間はどうか。電子情報技術産業協会（JEITA）が2021年1月12日に発表したDXに関する調査では、日本企業のうちの多くがDX推進の意義を「「働き方改革」の実践のため」「業務効率化／コスト削減」「業務プロセスのIT化」と回答したと報告されている。

市場開拓の観点の欠落が心配される状況である。

　また重要なのは、IT化、デジタル化が異なる国や地域で同様の効果をもたらすとも限らないという点である。例えば本書で紹介してきた中国のイノベーションが、日本のように銀行や商店などの生活インフラも地方まで整い、扱う商品や食品に対しての信頼性も高い環境下で、同じように需要拡大につながるかは不透明である。ツールやサービスそのものに注目するのではなく、置かれた環境下での課題や潜在的需要に合わせた開発や導入といったプロセスにこそ、中国から学ぶべき点が多い。

　特に、新たなビジネスチャンスを見出し市場を開拓していくのはやはり民間発のイノベーションであり、決して政府や行政のトップダウンでは生まれてこない、という認識が日本に広がることを期待している。中国ではむしろ、既に述べたように「上に政策あれば下に対策あり」と、政府からの圧力に屈せずに民間が雑草の如く市場を広げてきた。ネット分野は殊更に汎用性があり、かつ何かを始めるハードルが低いわけでもあるから、チャンスは多く転がっていると言える。日本国内においては年々増していく高齢層の消費喚起もネットには期待されるし、もしくは減少している働く世代に対しても、生活スタイルの変化に合わせたデジタル化が新たな需要を掘り起こせる可能性もある。

新しい市場を開拓するために

　ハーバードビジネススクールの教授であったアバナシーとクラークは 1985 年、米国の自動車産業のイノベーションの類型として、製品や部品および生産設備も含めた技術の新規性という軸、市場の新規性という軸、の二つの軸を用いることによって四種類に分けた。新たな需要を産み出すためには市場を新たに拡大することが求められるが、その際に用いられる技術の新規性が高い場合は「創設型（Architectural）イノベーション」、既存技術を主体として技術の新規性が低い場合は「隙間開発型（Niche Creation）イノベーション」としている。また、従来の市場を基本とした場合に技術の新規性が高いものを「革新型（Revolutionary）イノベーション」、技術の新規性が低いものを「現状改善型（Regular）イノベーション」と定義している。

　デジタル化が新たに需要と市場を産み出す創造型イノベーションもしくは隙間開発型イノベーションに結びつくことが、日本のように消費人口が減少する社会にとって望ましい。ただし技術の新規性も高く、新規市場を開拓することのできる、ゼロから 1 を産み出す非連続的・破壊的な創設型イノベーションはめったに生まれない。

　アバナシーとクラークの研究では、米国初期の自動車産業を対象としたなかで、大量生産を実現し、その

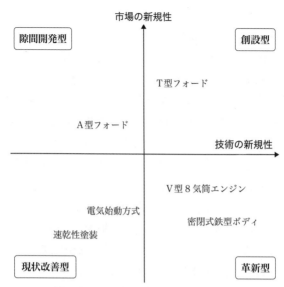

図表 16 米国自動車産業のイノベーション類型
（W. Abernathy & K. Clark 1985 "Innovation: Mapping the winds of creative destruction" より）

後長らく業界の基準となった自動車であるＴ型フォードのみを創設型イノベーションの分類に置いている。デザインを一新し高機能とセンスの良いスタイルを併せ持ったＡ型フォードは、商業的に成功したものの技術的新規性としては高くないことから、隙間開発型イノベーションと定義されている。なお、始動方式や塗装技法の変更は目立たないが既存製品の質と既存顧客の満足度を高めたものとして現状改善型イノベーションとされ、Ｖ型８気筒エンジンや密閉式鉄型ボディ

の導入は斬新な技術が評価されて革新型イノベーションと位置づけられている。

中国では、本書で紹介してきたように技術の新規性はそれほど高くないが、需要や市場を新たに広げる隙間開発型イノベーションとしてのデジタル化が身近に確認でき、その隙間市場が巨大であるために商業的にも大きな成功を収めた例が目立っている。ただしアバナシーとクラークも指摘している通り、隙間開発型イノベーションは技術的水準が圧倒的で無いことから模倣され易く、恩恵が長く続かないという特徴がある。中国の巨大ネット企業はこの点を把握しているかのように、技術開発に多くの人員と多額の費用を投入し、かつ自らの経済圏の拡大とそれに伴うアメとムチの手段によって生産者や消費者の囲いこみに余念がない。

創設型イノベーションや隙間開発型イノベーションが市場の創出に達するために重要なのは、国内であろうが海外であろうが、「その市場での生活習慣や商習慣はどうなっているのか、その中での課題は何か、潜在的に評価されそうな価値は何か、受け入れられるために必要な体制は」といった、観察眼や嗅覚に基づく市場と技術双方への深い理解である。そしてそれらを支えるのが、「今その価値がないのであれば創ってしまおう」という起業家精神と、彼らの挑戦と失敗を受け入れる社会の風潮である。

英国ロンドンビジネススクール（LBS）内の国際起業

調査協会（Global Entrepreneurship Research Association）では、各国の18〜64歳人口への聞き取りから意識調査および起業に関する政策や環境分析を報告している。2020年2月に発表された統計分析からは、各国民の起業家精神や社会の風潮が透けて見える。日本の場合は、起業に関する政策支援や物理的インフラ整備に対する協会の客観的評価はそれほど低くはないが、教育面での取り組みや起業を促す社会規範に関しては厳しい評価となっている。また、起業をキャリアと捉えた際の価値や自らの能力などに対する日本人の主観的な自己評価は極めて低い。先進国中で客観的評価も主観的評価も一貫して高いのは中国と米国であり、もともとの旺盛な起業意欲に加えて環境整備も充実していることが評価から見て取れる。

　例えば、「政府支援の手厚さ」の評価では日本は中国には劣るものの米国よりも高い。「金融面のサポート」の評価も日本は中国、米国より低いが全54か国中18位と及第点ではある。ただし「学校教育の充実」や「社会人教育の充実」ではそれぞれ44位、30位と下位に評価されている。

　一方で主観調査として、「成功した起業家は地位が高い」との質問への回答率では日本は中国、米国とも大きく離されてしまい、回答を得られた50か国中41位、また「起業は有望なキャリアである」への回答率はさらに低い50か国中49位であった。「自分には能

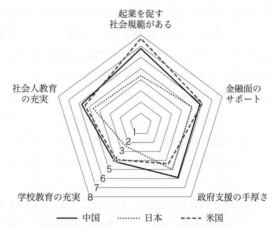

図表 17 日中米の起業に関する客観調査(2019 年)
(国際起業家調査〈GEM〉資料より作成)

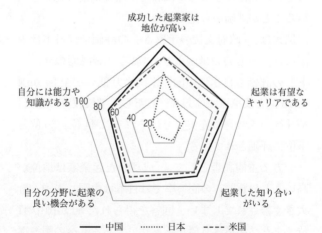

図表 18 日中米の起業に関する主観調査(2019 年)
(国際起業家調査〈GEM〉資料より作成)

力や知識がある」という自己評価の回答率にいたっては 50 か国中最下位、「自分の分野に起業の良い機会がある」および「起業した知り合いがいる」という回答率も最下位であった。

起業に関する物理的・経済的な環境は整っていても、個人の消極的意識がそれらの利点を減少させてしまい、「起業を促す社会規範」も 10 段階で 4.4 の全 54 か国中 39 位と社会全体に慎重な空気が生まれてしまっている。これでも日本は以前に比べると改善してきており、2004 年の評価では 10 段階で 2.1、当時の調査対象全 30 か国中 29 位となっていた。

市場開拓に共通する起業家意識も社会での評価も低い一方、日本では企業における技術革新能力は高い。世界的にも日本企業の技術がリードする分野は多く、例えば、半導体製造装置や処理装置、工作機械、工業用ロボット、精密機器、電子顕微鏡、電子望遠鏡、放射線治療設備、建設機械、ベアリング、炭素繊維、発電用ガスタービン、廃棄物焼却施設、遠心圧縮機、工業用ポンプ、業務用スキャナ、血液診断設備、高圧インバータ、太陽光インバータ、フロン分解回収装置、淡水化・排水処理施設、コークス生成機械、特殊鋼材、コンピューター横編機、熱変換処理、油圧式プレス機、電波暗室、大容量光ケーブル、スーパーコンピューター、電子計量器、大型二次電池、海底ケーブル、楽器、化粧品、などは日本企業が世界の先頭集団を走ってい

る。開業率も廃業率も先進国内で相当低い（英国の1/3程度、米国の1/2程度）日本では、産業の新陳代謝も低水準であることから大企業に多くの人的資本が集中しており、ある程度安定した環境で着実に技術開発を進める利点が考えられる。日本企業が持つこれらの高い技術力が、既存市場に留まらず新たに需要を広げるイノベーションに繋がっていけるかどうか、国内外を問わず広い視野と鋭い洞察力が求められる。

　特に、市場がまだ潜在的な段階で需要を掘り起こしていくには、冷静な分析と判断だけでなく、熱量の高い突破力が備わっていることが望ましい。例えば中国での隙間開発型イノベーションの例として、「味千拉麺」の成功が挙げられる。今では中国全土で日本式の豚骨ラーメンが一定の市場を確保するようになったのも、この味千が切り拓いた功績が大きい。

　味千中国は1996年に会社を成立以来、2007年3月の香港市場での上場を経て、ネットワークは中国の主要都市を中心に全国に広がり、2020年6月末時点で734の支店を展開している。他にも個包装ラーメンを販売し、中国全土の30超の省市で約8000件の販売網を展開し、国外にも輸出されている。『フォーブス』誌をはじめ国内外から有力企業として評価されるとともに、中国飲食業界内でも、中国調理協会から毎年発表される「中国飲食店ベスト100」の上位に選出されている（2020年は42位）。また中国飲食ブランド評価委

員会が認知度や顧客満足度をも含めて発表している「中国飲食店ブランド力ベスト100」の2020年版では、味千拉麺は31位、麺部門においては1位に選出されている。

　実は、このような市場の開拓には一人の中国人女性の熱い魂があったのである。

　日本人になじみ深い九州熊本発のブランドだった味千ラーメンで中国の未知の市場を切り拓いたのは、現在の味千中国社の代表取締役社長であり創始者である潘慰氏である。潘慰氏は山西省で生まれ、両親と共に香港に渡り財務や英語を学んだものの、正規の大学は卒業していない。潘慰氏は食品貿易に10年間携わり、香港の実業家団体の海外視察に参加した際に日本で味千ラーメンに出会った。競争が激化する貿易事業の将来に不安を抱え、キャッシュフローを効率的に産み出せる仕組みを求めていた潘慰氏は、味千の重光孝治創業社長を自分の深圳の工場に招き自ら大山で仕入れた干し柿を勧めて交渉した結果、中国での総代理権を得ている。当初の潘慰氏は自ら屋台で販売しながら中国人客の反応を探って自信を深め、急速に全国の市場を掘り起こし、今や総従業員数1万人を超える大グループにまで成長させた。

　潘慰氏率いる味千中国は、隙間開発型イノベーションの課題である技術の陳腐化やフォロワーとの競合への対策も余念がない。味千中国は全国各地に3つの食

品加工配送センターと四大調理センターを設置している。四大調理センターの総投資額は約1億ドル（約115億円）で、生産、物流、調理と教育の四大機能を果たしている。全生産能力は1800店分に相当する。味千の調理センターでは、現代の飲食加工技術を活かし全ての製品を麺、ネギ、ニンニクなどの調味料まで標準化している。生産効率が高いだけではなく、味の均等性も高く、統一的な原材料の仕入れ、加工と物流はもとより食品の安全を保証し、最終的に提供される1杯の味千拉麺の味と品質はすべて均一であると誇っている。調整センターではISOやHACCP等の国際認証の他、品質を保証する国家品質検査局のQS（Quality Safety）認証も獲得している。

　また店舗で提供するのは、看板メニューの豚骨味の味千拉麺に加え、トマトスープや辛味の拉麺だけでなく、焼餃子や炒飯はもちろんエビフライや手羽先に唐揚げ、鰻の玉子和えや生姜焼き定食までと幅広い。筆者の北京の友人たちもそうであるが、日本食で好きなものはエビフライやオムライスといった、伝統的な寿司や天ぷらではない食を好む中国人が増えており、特に訪日経験がある人ほど日本人が普段食しているようなものを好む傾向が強い。日本式ラーメンから切り拓いた隙間需要をさらに広げようとするメニュー提供に思われる。

　潘慰氏による味千のイノベーションは、前述の調査

にあった中国人の起業に関する積極的意識の高さを例示している。加えて、このような成功事例がさらに起業を尊重する社会規範を高めていくことが容易に想像できる。

　また、中国人の商魂のたくましさをさらに感じるのは、まだ眠っている価値や需要を掘り起こし、住み慣れた中国市場だけでなく国外においても事業を成立させてしまう点である。

　日本では、縮小する国内市場を補うためにも、インバウンドという呼び方で定着した外国人訪日客に伴う消費を増やす取り組みが続けられている。2011年には約7000億円だったのが、2019年には4.8兆円に達し、さらに2020年には東京五輪をてこにして8兆円達成という高い目標を掲げていた。日本経済全体の成長率が極めて低いなか、インバウンド消費は2017年にも約18％増と高い成長率を維持してきた。その中で最も大きな割合を占めるのが中国人訪日客による消費であり、全体の約1/3にも達する。

　ただし、その利益は全て日本側で吸収されているわけではない。中国から日本に受け入れる際の予約手続きに始まり、日本の空港到着後の移動や宿泊先にいたるまで、中国資本による囲い込みが行われている。筆者と縁の深い伊豆半島や静岡県全体でも、事業継続が難しい旅館やホテルの資本が中国側になっている例を見かける。従来そのような施設は客数が伸びずに経営

的困難に陥り、日本では買い手がつかなかった。それは国内の旅行客が減り、日本全体でインバウンド消費が増えても恩恵を取り込めていなかったのである。

中国側の資本が強いのは、受け身ではなく自ら需要を創り出し、これまで悲観的だった需給見通しを自力で変えてしまう点である。中国現地で旅行会社と協力して訪日客を確保し、空港からシャトルバスで中国人客を受け入れている。旅客が好む日本らしさを感じられるようにしつつも、中国人客が不都合の無いような設備やサービスを提供し、また棟もしくはフロアを専用にすることで日本人や他の客とも対応を分けている。このような経営で、以前は赤字体質で倒産寸前だった施設を短い場合には5年程度で資本回収することを目標に、進出してきている。

技術革新は、それ単独で新たな市場を拓くこともあれば、どれだけ革新的であっても既存市場の深掘りで終わってしまう場合もある。反対に技術水準が低くても、新たな価値を創出し大きな市場を広げる場合もある。結果に影響を与える変数は多くあれど、市場洞察力や経営判断力および実行能力に加えて、熱意や覚悟といった技術を扱う人間の要素が大きい。日本企業でたびたび課題に挙げられるのは、技術部門と販売部門の意識の乖離によって市場に価値が広がらない状況である。近年では、日本の大学の理科系の専攻でも経営に関する教育が浸透している。望むべくは、彼ら彼女

らが熱意をもって挑戦し、失敗したとしてもそれを寛
容し再起を促す精神が日本社会に根付いていくことで
ある。

中国への心理的距離と国内の空気

　2018 年の 10 月 25 日から 27 日にかけて、日本の総
理大臣としては 7 年ぶりとなる安倍総理の訪中があっ
た。国会日程等の関係もあり全ての日程を北京で終え
た。北京大学にも訪れ、わずか 40 名だったものの中
国の大学生との交流も行った。この時は日中平和友好
条約締結 40 周年という節目に加え、日本の経済界トッ
プ 500 人が同行という経済界からの強い意気込みが
表れたものとなった。滞在中の 26 日には「第 1 回日
中第三国市場協力フォーラム」が開催され、日中両国
の政府関係機関・企業・経済団体等の間で急ごしらえ
のものも含めて 52 件の協力覚書が交わされた。第 3
章で取り上げたトヨタのように単独で中国と長きにわ
たる協力関係を築くことができる日本企業は多くはな
く、政府が後ろ盾となった今回の機会に対する期待が
感じられる。恐る恐る中国と協力関係を進めようとす
る日本企業はそれでも日本のなかではまだ積極的な方
で、そうした企業の場合は、縮小する日本に留まるこ
とへの危機感かつ拡大する中国市場への見込みが背景
にあるのだろう。

全体の一部ではあるが不安を抱えながらも中国に接近しようとする日本の経済界とは対照的に、一般の意識ではまだまだ中国に対する歩み寄りは見られない。例年実施され2020年10月にも行われた内閣府による世論調査でも、中国に「親しみを感じる」と答えた日本人の割合はまた低下し、全体のわずか22％であった。今後の日中関係については78％が「重要だ」と回答していることから、複雑な心持ちが示されている。同調査で韓国に対しての親近感が35％、対オーストラリアが76％、対米国が84％（小数点以下は四捨五入）であるのに比べても、対中国の割合は際だって低い。コロナ禍で交流機会が薄れているのも短期的な遠因の一つと想定されつつも、一方で対米国の親近感はむしろ少し向上していることから、根強い嫌中意識があるものと考えられる。

　なお内閣府の調査は過去から続けられており、その推移は、1980年代には中国への親近感は対米国と同程度の約8割を記録し、その後1990年代にはだいたい5割前後、2000年代には4割近くにまで低下し、2010年代から現在までは約2〜3割の低位で安定している。対中親近感が下落した30年超にわたる期間では、中国政府の内政および外交への姿勢に加えて、増大していく軍備や経済力からの脅威や緊張感が日本の世論に影響を与えてきたと思われる。日本人が中国に持つ印象としては、国家つまり政府としての姿勢が前

面にあり、政府の強権的な姿勢がイコール日本人の中国観の大半を形成している。この点においては、悠久の歴史を持つ二国間関係でありながら、中国政府による公的な対外姿勢つまり表面的な側面に印象が占められているのは両国の課題でもある。

　中国側の課題としては、国力の増強が従来の軍備や経済力といったハードパワーに偏り、相手を自発的に誘引するようなソフトパワーの発揮が遅れていることが、少なくとも対日本に関して挙げられる。第1章で紹介したように現代の日本はかつてないほど中国から物資を輸入し、地方空港の多くは中国との直行便を整備し、通信上の交流も容易になっているにもかかわらず、日本に伝わる中国のイメージは広がりも深まりも見せていない。中国国内の自然・文化・食・伝統・発展度合いの幅広い多様性も、本書で紹介したような民間の旺盛な活力も現代の中国人の社会性や将来観も、残念ながら従来から続くステレオタイプ的かつネガティブな印象に打ち消されている。

　他方で日本人にとって意外なのは、中国人の対日印象はかなり改善している点である。中国では日本の公的な世論調査のようなものはもとより、民間での取り組みも見当たらない。そのため現在は、日本の団体である言論NPOという組織が中国現地で2005年から聞き取りによる世論調査を行っている。2020年11月に発表された中国各地約1500人を対象とした調査で

は、前年とほぼ同値で、調査以来過去最高水準の 45％ 超の中国人が日本に対して良い印象を持っていると回答している。過去には一時 2010 年に 38％ まで上がったのが 2013 年に 5％ にまで低下し、そこから年々改善していた。

つまり留意すべきは、中国の国家の態度と国民の態度とは必ずしも一致しているわけではなく、日本人の多くに固定観念としてある、中国人は反日志向が高いという状況も変化しつつあるという点である。なお同調査では、日本側でも約 1000 人を対象に調査しており、結果は中国に良い印象を持っていると答えたのはわずか 10％ で、前年からも 5％ 低下している。内閣府調査による中国に対する日本人の親近感の低さを裏付ける結果となっている。

中国人の日本への好意はどこから変わっていったのであろうか。一つには、日本に対する印象は政府姿勢だけでなく、日本製品への信頼や日本のアニメや芸能といったソフトパワーによる効果である。筆者が交流した多くの中国人学生たちも、スタジオジブリや「ドラえもん」、「一休さん」といった昔からのものから、「ONE PIECE」や「名探偵コナン」等の最近のアニメも幅広く熟知していた。2018 年に渡航した当時はアニメ映画「君の名は。」が人気で、北京では新海誠監督による講演会も盛況であった。

他にも寿司や焼き鳥に豚骨ラーメン、吉野屋に居酒

屋といった食の分野でも日本への人気が高い。最近は焼き肉店の出店が増えていて、中身は韓国焼肉店とほとんど変わらないものの、あえて「日本式」と看板を掲げることでブランドを高めようとする工夫も見られる。ちなみに高級店では本来直接輸入できない和牛がカンボジア等を経由して提供されている。また日本酒といえば、安倍総理が各国要人にも振る舞ったことで有名になった「獺祭」が北京でも最も重宝され、多くの日本食店内で一升瓶が誇らしげに飾られていた。また衣類では現在では中国のどの都市に行ってもユニクロがあり、日本よりやや割高にもかかわらず質の良い日本ブランドとして定着している。雑貨でも日本の無印良品が浸透していることもあり、無印良品とユニクロを合わせたような「日本式」のデザインで中国の名創優品が店舗を広げている。地下鉄で見る若者たちはソニーの高級ヘッドホンを着用し、日本製の幼児用品や化粧品なども今やネットで日本国内とほぼ変わらない価格で購入できることもあり、日常に溶け込んでいる。商店や作品、製品を通して多くの中国人が国内にいながら日本の良さを体感する機会に溢れている。

　中国人が日本へ好意をもつきっかけとして他に挙げられる主要なものとしては、実際に日本へ渡航した経験である。日本の清潔な街並みや、丁寧なサービス、より質の高く選択肢の多い食や製品に触れることにより、満足して帰国する観光客が多い。また浅草や京都

といった日本の伝統的な風景を感じるという定番コースに加え、中国で視聴したテレビドラマやアニメの舞台に足を運ぶ例も増えている。2008年の中国映画「非誠勿擾」（邦題「狙った恋の落とし方。」）の舞台となった北海道や、漫画「スラムダンク」に登場する鎌倉高校前の踏切で自身を登場人物に見立てて撮影する体験が人気を呼んでいる。

　前述の言論NPOの2019年調査でも、訪日経験のある中国人では実に8割超が日本に良い印象を持っていると報告されている。これら観光客はリピーターとして再び訪日する例も多く、日本のより多くの地域を訪れている。さらに、SNSが発達している近年では日本に滞在している中国人が自身の体験や感動を本土の中国人と頻繁に共有することも宣伝効果を生み、訪日客の増加に繋がっている。日本政府観光局の統計によれば、中国からの訪日客数は2013年に131万人だったのが年々増大し、2019年では7倍超の959万人に達している。同時期の米国からの訪日客数も80万人から2倍増の172万に増えてはいるが、中国客とは伸び率も総数も比較にならない。中国から合わせて1000万人以上が外国に旅行する国慶節と春節の大型休暇でも、いま最も人気のある旅行先は日本となっている（ただし、コロナ下の2020年以降は海外旅行自体が困難となっている）。

　他方で、日本から中国への訪問客数はほとんど増え

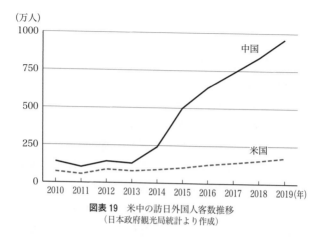

図表 19 米中の訪日外国人客数推移
（日本政府観光局統計より作成）

ていない。同じく日本政府観光局の統計では、2014
年に272万人だったのが2018年には269万人と、同
時期の日本から韓国への訪問客数が228万人から295
万に増えているのに比べても低水準で推移している。
背景としては前述の日本国内での対中国観が考えられ
るが、状況を改善させる効果を持つ中国在住の日本人
からの発信が弱い点も影響している。特に中国人の訪
日客と比べた場合の差は歴然としている。

　日本に滞在している、もしくは訪問している中国人
からはウィーチャットを通して美しい景観や食事を楽
しむ様子が伝わってくる。またグループ間のやり取り
では、日本での生活や家族事情まで幅広い問題に関す
る質疑応答がなされている。これは、物理的には中国
国内と変わらない定着化したアプリを障害無くそのま

ま日本でも使用できるという技術的素地と、精神的に
は異国の地での感動を共有し同郷の人間との繋がりと
安心を得たいという感覚とが重なった結果でもある。

　中国に滞在している日本人に関していえば、これら
物理的および精神的両面でいくつかの違いが考えられ
る。その背景と影響を探ってみよう。

　まず物理的には、中国人の誰もが国内外でウィーチ
ャットを使用する状況と異なり、日本人が国内でウィ
ーチャットを使用する機会はほぼ皆無で、主に使用さ
れる LINE、Facebook、Instagram 等は中国国内では
使用が制限されている。中国在住の日本人が特別な手
段を通して国内での使用を可能にしても、SNS の強
みを裏付ける手軽さと即効性は失われてしまい、利用
者の発信や閲覧の頻度は大きく下がっている。総務省
の調査によれば、特に日本人が利用する SNS で書き
込み頻度が高いのが LINE であり、その 1/4 以下に急
激に下がって続くのが Twitter、Facebook、Instagram
である。LINE は通常は特定の相手との会話に使用し、
その他は不特定多数も含めた相手への発信に用いられ
ている。つまり、LINE はウィーチャットのトーク、
その他は同様に不特定多数への発信に用いられるウィ
ーチャットの「朋友圏(モーメンツ)」に近い機能であ
る。

　LINE では相手が閲覧したかを確認できる機能があ
り、読んだのに返信しない行為を「既読スルー」と呼

んで良くない意味で捉えられるように、やり取りには
ある程度の即効性が求められている。しかし物理的に
即効性が失われてしまえば従来の電子メールとあまり
変わらなくなり、日本国内での使用状況とは大きく異
なってしまう。また近況報告や気付いた点の発信等に
利用するその他のSNSでは、一般的にそもそも頻度
があまり高くない上に中日間の物理的障害によりさら
にその頻度が低下している。

　一方で精神的な面では、在中国の日本人も同様に
「異国の地での感動を共有し同郷の人間との繋がりと
安心を得たい」という想いはあるものの、だから頻繁
な投稿に繋がるかというとそう単純ではない。なぜな
ら記者や作家のような現地からの報告を仕事としてい
る人間以外にとっては、SNSでの発信の目的の多く
は閲覧者から共感や賛同および賞賛を得ることであり、
その点において中国から自らが思うままに発信したと
しても想定通りとならない、もしくは「ならないだろ
う」と躊躇する感情が芽生えるのである。これは、中
国に限らず海外への関心がそれほど高くなく、最近は
海外への留学や転勤を望む若い世代が減っているよう
に、海外からの発信に対する日本での共感力が強くは
ないことにも起因する。

　加えて、日本国内の中国に対する風潮を鑑みた時に、
自らが現地で感じた素直な関心を他人に共有してもら
えるのかという心配が生まれる。

特に、インターネット上の中国関連の記事は閲覧数を多く獲得するために中国の特異性を強調するニュースが多く、全般的にあまり好意的には書かれていない。それでも、国内の閲覧者から共感や賛同および賞賛を得ようと思えば、発信内容は国内のそのような風潮を完全に無視することはできず、意識的もしくは無意識的に忖度したり迎合したりすることも考えられる。

　SNS内では他者との繋がりを感じられる一方で、多数と意見が大きく異なる場合にはあっさりとその繋がりが切れたり、批判や攻撃の対象になって大きく「炎上」する危険性もあり得る。国内で日々友人たちと交流の機会がある場合に比べ、自らが中国に滞在している場合には彼らに真意を伝えられる機会がほぼ無く、なおさらに発信内容に慎重になる必要が出てくる。

　かといって、中国に来てみると日本のネットで多く閲覧されていたような中国の特異性を日々見つけることは容易ではなく、徐々に投稿の頻度は下がっていってしまう。さらに、上述したような日本人の海外および中国への関心の程度や国内の対中世論を感じながらも中国にやって来る日本人は、少なくとも何かしらの意義を持って来ているわけである。ゆえに、日本国内での繋がりに限定され日本の対中観に縛られてしまうSNS投稿の意義は、日本滞在時に比べて当然低くなる。

　筆者のまわりでも、例えば中国で新型コロナ感染が

広がり始めた際、知人の経営者が過去の中国からの撤退を誇る投稿をし、それに多くの好評価がついていたのを覚えている。また地元静岡で講演を頼まれて話をしに行った時も、高齢者を中心に中国については何も信じられないといった冷めた反応であった。日本最多の読者を抱える全国紙では、元旦の一面で、中国が外国から優秀な人材を集める人材招致プロジェクト「千人計画」に関係する日本人を批判する報道を流している。そのため、中国の基礎研究分野に携わる日本人研究者でも日本国内では後ろ指をさされる。

　以上の風潮から、等身大の中国像が日本に伝えにくく、日本国内に伝わりにくい、という状況が続いている。最近では中国のキャッシュレス決済やシェアリング経済を中心に日本での関心も高まっていることから、関連する発信も増えてきてはいる。ただしこれも、当該分野では自らが実際に中国で得られた「感動」や「驚き」が日本で関心を得られるという前提の上であり、本来の在中日本人発の純粋な想いや見聞の発信とはやや異なる。

　国民性として他者への同調性を重視する日本人であるゆえに、一般的に同調性を模索する手段としてのSNSにおいても限られた対中国観に影響され、本来はその対中国観を大きく変えるきっかけとなり得る中国在住の日本人の発信をも控えさせるのだとすれば、何とも皮肉である。

中国で日中連携に奔走した政府系機関の所長が日本に帰国して強調していたのは、「日中の温度差」であった。コロナ禍で日本に留まる筆者も、日中の地方自治体、教育機関、企業の繋がりを促す取り組みに日々携わるなかで、日本側の消極的姿勢を痛切に感じている。さらには、渡航制限によって民間交流も長らく途絶えている影響がお互いに顕在化している。前述の言論NPOによる2021年10月発表の調査結果では、日本からの中国に対する良い印象は9％と前年比で1％低下し、中国からの日本に対する良い印象は32％と前年比13％超も低下している。互いの意思疎通の機会と、現地での体験および同胞からの生の声が激減した結果が、如実に現れている。旅行もできない代わりとして、中国国内では日本の京都や新宿等を模した商店街が活況を呈した一方で、ネット右翼を中心とした批判の高まりによって突如休業に追い込まれるなど、複雑な国民感情が露呈している。

　2018年末、日中平和友好条約40周年を記念し、清華大学美術館で日中国交正常化に貢献した岡崎嘉平太の特別展が開催された。岡崎は、国交正常化前の日中両国を「民間が先行し、貿易から手を付ける」ことで友好の井戸を掘った。岡崎は初めて北京に赴任する日本人記者たちにこう伝えている。「中国は非常に大きな国だ。交通事故や殺人、放火といった事件は毎日あるだろう。しかし君たち記者はただこれだけに注目し

てはいけない。こういう報道が多ければ日本人に対し誤解を与える可能性がある。君たちはぜひ真実の姿、本質的な中国を日本の人々に伝えてください」。

　本書では、日本の多くの報道がフォーカスする共産党政府が前面に出た中国像の向こう側にある、中国国内のネット業界を中心とした民間の活力、産学の複合的連携、社会の寛容性等を日本に伝えたいという筆者の想いを乗せて筆を運んだ。イノベーション実現の基盤として、ある程度普遍性も備え、日本の取り組みに資する部分もあると感じている。読者には、批判的な視点を保持しつつも吸収できるものは存分に活かして頂けたら幸甚である。

おわりに

　空は繋がっている。意志さえあればどこにでも行ける。

　振り返ればこの20年、繋がっている世界の空の下を自らの意志に従い歩んできた。就職後しばらくして留学を志すも大学院入学に必要な英語力とはほど遠く、予想外に延びた準備期間中は参考書片手に一人代々木公園に寝転び空を眺めていた。その後、留学先のワシントンDCではいつもリンカーン記念堂に佇み、澄んだ夕焼けを見るのが好きだった。インターン先のロンドンでは物価高でどこの店にも入れず、賑やかなトラファルガー広場の夜空の下にいた。日本に戻ってからは東大安田講堂を日夜見上げて過ごし、新幹線の車窓から朝焼けの富士山を望みながら国旗たなびく国会議事堂に向かっていた時もあった。

　それから少し経った2018年の初夏、筆者は北京の故宮正門前に一人立っていた。スモッグで汚染されていると聞いた空は意外に青く、代わりにその数世界一と言われる監視カメラが見下ろしていた。改めて感じたのは自分が中国で生活することの奇怪さであり、過去に各地で抱いたことのある想いとは明らかに異なるものがあった。

もちろん今回もこれまで同様に所属するどこかから
派遣されたわけでもなく、むしろ多方面からの心配や
否定的な声をふり払いながら自分の意志で向かったの
であるが、学生時代から憧れていた米国、英国での高
揚感とは異なり、北京ではそこはかとない緊張感を覚
えていた。

　距離としては日本から飛行機でわずか３時間、欧米
よりよほど近い国でありながら、これまでの半生にお
いて観光ですら行ってみたいと思ったこともなく、国
際関係分野の研究者としても日本の国政に携わった身
としても中国の重要性は認識しつつも、自らが特段何
かに関わろうという意志も湧いてこなかった。

　それに日中関係も長らく良好とはいえず、中国国内
で反日デモが行われたり反日映画が流されているとい
う日本の報道に触れていると、現地での日本人の生活
も安全ではないのではと妄想してしまう。加えて、北
京は少し先が見えなくなるほどの大気汚染も有名であ
るとなれば、治安も悪いし健康にも悪いというステレ
オタイプ的な不安が拭えなくなってしまう。

　さらには、筆者の日本での政治経験から中国では監
視対象になるとの警告も受けたし、一方で日本国内の
厳しい対中国観からは仮に将来の政治キャリア復帰を
考えても決してプラスにはならないと熟知していた。

　それにもかかわらず北京へ向かったのはなぜだった
のであろうか。朧気ながらではあるが現地で見るべき

点、日本と繋ぐべき意義があるとの想いに背中を押されたのだと考えられる。米国と欧州で学び働いてきた自分が、実はほとんど知らない隣国の中国に意外な何かがあるのでは、だからこそ近年の科学技術の隆盛は目覚ましいのでは、そして現地に自分の役割や新たな機会があるのでは、との好奇心と期待が不安に勝ったのであろう。また一人の日本人そして一人のアジア人としても、大きく変遷するアジアの熱気を吸収したいと思っていた。2005年には自由貿易協定（FTA）を通したアジア経済連携構想を出版しており（『FTAが創る日本とアジアの未来』オープンナレッジ）、その後の自身の活動の軸にもなっていた。

これまでも良く言えば挑戦という、あえて困難を選ぶ決断で余計な苦労をしてきたにもかかわらず、今回も懲りずに言葉も全く通じない、国家体制も異なる未知の舞台に飛び込んでしまった。裏を返せば、失うものは何もないと当時の自分を駆り立てるものがあったのだろう。

とにかくアジア連携の鍵となる中国に直接向かい、現地の大学との接点を作って受け入れの機会を探るなかで、清華大学日本研究中心主任の李廷江先生が関心を示してくれたのを逃さず、すぐに準備して北京での滞在を開始した。

李先生とはそれからたびたび酒を飲み交わし、年号が令和になったその日には記念としてウィーチャット

で毎日ランキングが発表される歩数の上限10万歩を目指そうと、夜の12時から翌日の夜8時過ぎまで、距離にして60km超を一緒に歩いた。他にも大学関係者や若い起業家たちとも懇意になり、杯を交わす機会を多く得られた。「飲み会を絶対に断らない日本人」として、高血圧悪化と引き替えに人脈が広がった。国境と年齢を超えて素晴らしい出会いができたことに心から感謝している。

今となればやはり決断して良かったと思う。想像に反して透き通った青空と広大な大学のキャンパス、そして明るく前向きな校友たちとの出会いが、当初描いていた常に灰色のスモッグに覆われた監視の厳しい都市というイメージを覆してくれた。中国での日々の生活や諸々の手続き等の不便や理不尽はあるものの、変化する社会の活気、それも特に新たな近代化のうねりを創り出している民間の熱量は刺激的だった。また日本以上に束縛や制約の多い社会のなかでも、私たち以上に大きな夢やビジョンを持った尊敬できる友人や師に出会えたのは財産であった。

学外の交流では当初覚悟していた厳しい対日感情に悩まされることも全くなく、むしろ純粋に日本のことを知りたい、交流したいという人たちに多く出会った。少なくとも自分の経験では、米国や英国の時よりもよほど多く感じる。やはり人種も文化も日本人に近い長らくの隣人としての親近感が感じられる。筆者がよく

使う、とにかく運賃の安い「農民工列車」での北京−上海間約17時間の車内では、たまたま乗り合わせた学生や老人たちから質問攻めにあったこともある。身のまわりだけでなく、日本のアニメは全国の映画館で上映され、若者に人気のテレビドラマでも日本式の居酒屋が舞台に設定されていたりする。表面的にはこちらに来る前の心配からは拍子抜けするほどである。

　一方で、北京滞在は常に緊張感を感じる日々でもある。日本でも大きく取り上げられたように、ビジネスパーソンや学者たちが不明瞭な理由で拘束され、ある駐在員は懲役3年の実刑を受けている。外国人に限らず日本で著名な中国人学者すら拘束の対象になったり、清華大学の教授でも安全は確保されていなかった。他にも身震いするような話をいくつも聞いたし、自分自身についても直接警告を受けたりと、少なからずのリスクがあることは認識している。中国のそのような部分を日本ではほぼ誰もが恐れ、筆者も日本の知人たちから心配の声を受けたり、反対に日本国内においては親中派として訝しい目を向けられたりもしてきた。

　特にこのコロナ禍に乗じて感染経路を探るという大義名分のもと、中国の一般市民ですら誰と付き合って日々どのような行動をしているかを当局に監視されているのだから、入国した外国人は当然監視対象になるし、ましてやそもそも警戒対象の外国人などは常に見られていると判断できる。以前に比べて空気は澄んだ

一方で、北京ではその数世界一という監視カメラが空を眺める自分も見つめている。物見遊山のような安穏とした気分は持てず、代わりにある程度の覚悟が自然に芽生えてくる。

それでも、筆者のこれまでの経験と複眼的思考を伴い、日中両国に有形無形の壁がそびえるなかでできる限りの役割を果たしたいとも思案している。その一環として、日中両国のメディアで努めて客観的な発信を続けている。両国でのお互いに対するややステレオタイプな見方を少しでも正せればとの思いである。中国では最初は全国版の英字新聞に、今では同じく全国版の中国語新聞に頻繁に筆者のコメントが掲載されている。国際線の機内で新聞を読んでいたら筆者の名前を見つけた、と知人から連絡を受けたりもした。特に義務感に駆られたのは中国内で反日的な偏った主張をする日本人識者の存在であった。日本での少数意見をあたかも大多数の意見であるかのように歪めて中国の主要メディアで発信しているのを見て驚いた。日本大使館も我関せずで放置しているため、せめて日本に関する正確で客観的な主張が伝わればと筆者が自ら矢面に立つようになった。中国の主要新聞の論評執筆などではたまに先方の編集者から難色を示されるようなこともあったが、論拠を明確に示すことで理解してもらえることも多々あった。担当記者からも日中間のやや敏感な問題に関してもコメントを求められるが、なるべ

く背景を踏まえて日本側の主張を説明していることもあり、幸い炎上には至っていない。今では彼らとも着実に信頼関係が生まれていると感じている。

　中国での世論調査で中国人の対日親近感の向上が示されるように、日本に対しての寛容さも高まっているように感じられる。国力の増進に沿って日本に対する劣等感や対抗心は低下し、一種の余裕を感じさせる。この点は韓国の状況とは異なるのではないか。中国政府としても反日を国民団結の理由に使う機会がほぼ無くなっているようにも思われる。ただし中国の日本に対するその余裕は、中国にとっての日本の存在感や重要性の希薄化でもあるということを忘れてはならない。2020年末のChina Daily紙の記事では、筆者のインタビューを用いて「コロナ禍で民間交流が途絶え日本の対中意識が悪化している」との紹介がなされた。中国でネットでも配信される当記事のコメント欄には、日本からの見方を心配する声よりも、「だったら無視すればいい」といった日本を突き放した意見も多いのが気になった。最近では、日中の節目となる記念行事においても中国で重要視されているようには感じられない。

　存在感が減退する日本に反し、興隆する中国の勢威はコロナ禍の国際関係でもさらに高まっている。パンデミック発生経緯に関する責任論は然るべきであるものの、初期における感染拡大の抑え込みと経済の回復

では他国を先んじる結果を残した。2020年では先進国唯一のプラス成長である。他方で各国政府は当初、ワクチンも治療薬も無い状況での感染症対策として個人の行動規制に追われ、規制の徹底が困難な国ほど感染者数も伸びていった。死者数最多の米国では国民へのマスク着用すら管制することができず、中央政府の意向に反する州まで登場した。民主主義陣営の日本は2021年末まで、独特の社会の「空気」を駆使しながら行動規制を張り巡らせることによって、何度かの厳しい波はありつつも感染を比較的低水準で推移させてきた。とはいうものの、先の見えない状況に社会および経済全体に倦怠感が広がっている。

　この間一貫して日本国内での滞在を余儀なくされた筆者も政府の急な方針変更に振り回され、それも科学的・合理的根拠が不明確な方針が二年超にわたって続く状況に辟易としてきた。個人に対しては年齢も住所も行動様式の違いも関係なく、飲食店や商業施設に対しても各自の対策内容も関係なく、一律頭ごなしに行動や営業を制限されてきた。携帯アプリ等の技術を用いれば可能なはずのリスクの可視化も行わず、国内で巨額の税金を投入したワクチン開発も実現されずに、ただただ皆で我慢するだけの時間を費やしてきた。結果として「正しく恐れる」などは無理な話で、心配する者は決して安心できず、誰もが誰もを疑い、家族の交流する機会すら制限されてきた。さらに日本社会に

充満する同調圧力も加わり、「自分たちが我慢しているのにあいつはけしからん」として、SNSやメディアでは連日誰かを糾弾する風潮が止まらない。ワクチン接種も政府がとにかく早く進めようとした所、予約申し込みが殺到し混乱を起こしたとして政府の対応に批判が相次いだ。当時の河野太郎行政改革担当相は「効率性より平等性のほうを重んじる自治体が多かった」と弁明している。これらの傾向は今回に限ったことではなく、日本の社会性もしくは国民性として平等を重視する傾向が比較的強く、それもたとえ悪平等でも平等を重んじるという性質の一端が現れたに過ぎない。もともとほぼ単一の民族国家であり、狭い島国のムラ社会であり、経済発展を経てほとんどの人が自らを中流社会の一員と認識している日本の平等主義という「空気」が、鎖国状態のコロナ禍で濃度を増している。

　本書出版前の2022年春になって、中国も新たな局面を迎えている。これまで以上に感染力の高いコロナウイルスの拡大を一部地域では抑えきれなくなり、上海や深圳、西安などの大都市では事実上のロックダウンとなった。背景としては陽性者ゼロを目指す政策の断行がある。

　当初に比べウイルスの感染力が強くなり代わりに毒性が低下した特徴を反映し、欧米や日本では感染に対する予防や治療への対策を講じた上で、ある程度の感

染を許容するウィズコロナ方針への移行が進んでいる。しかし中国では、人口当たりの医療体制の不十分さや、ワクチンおよび治療薬の効果と信頼性への課題からも、同様の方針が取れずにいる。また何より、方針転換を政府の失敗と捉えられることを恐れる現政権が、習主席の任期延長を定める 2022 年秋の共産党大会までは既定路線を継続するものと見られている。

　それにしても、無症状者をも含めた無差別 PCR 検査を継続して行っているために、いくらかの陽性者の発覚はなかなか止まず、その結果を捉えてさらなる厳しい行動規制を課す方針には国内でも疑義が生まれている。ここでの規制にも携帯アプリが活用されているが、本来リスクを可視化・限定化するためのものが、起点となるリスク評価が厳格過ぎてかえって過大な規制に繋がっている可能性も拭えない。

　筆者も、日本から新たな赴任先である蘇州市に向かう際に、本来は上海国際空港から蘇州市に入るはずが、上海市ロックダウンの影響で天津市からの迂回を余儀なくされた。しかも天津市での 2 週間強制隔離終了後も、陽性者増を恐れる蘇州市では外来人員の受け入れを急遽停止したため、その後の行き先が宙に浮いてしまっている。筆者は日本出発 1 週間前から強制隔離終了まで約 10 回の PCR 検査と採血による抗体検査、また毎日 6 回の体温測定を経ており、これら全てに問題がないにもかかわらずこの扱いである。同様に国内で

は多くの人たちが、厳格な対策になすすべなく行動を制限されている。

　コロナ対応の成否はウイルスの特徴の変遷への考慮も肝要であることが今では浮き彫りになったが、初期には奏功した中国が素早い国力回復を背景に展開した活発な対外戦略も、今後の中国の国際的位置、また日本の国益動向に差し響いてくる。トランプ政権時代の米国が対中国との二国間軋轢だけでなくTPPを含めた多国間協力にも消極的だったなか、中国は一帯一路や東アジア地域包括的経済連携（RCEP）などの多国間協力に目立って積極的な姿勢を取り続けている。ついには2021年秋に、本来は米国中心の経済圏が狙いであったはずのTPPにまで中国が正式に参加申請したことは、国際社会に衝撃を与えた。コロナ禍が収束した後の世界では、勢力拡大する中国と抑えようとする米国の緊張関係は続き、日本はその狭間で今後ますます主体性を維持するのが難しくなると思われる。また筆者の感覚的には、米国人と中国人は合理性という面で共通しており、お互いの利害が一致するようなことがあればクリントン政権時代のように日本の頭ごしに米中が接近する可能性もゼロではないと思われる。日本の指導層が思考停止状態で米国に追随し、内弁慶で「中国はおかしい」と唱えているだけでは先行きに不安を残す。

　国家としての重要性や存在感はともかく、中国での

生活や交流は決して悪くはない。当然ながら日本に比べれば清潔さや便利さに劣る面もあるし、思い通りにいかないことも多々あるが、それでも日々刺激を感じる違いや変化がある。とりわけその変化の中心となるネット産業や基盤を支える大学に関わり、内部から観測することができたのは貴重であった。向こう見ずに飛び込んだ自分を日中両国の多くの皆さんが後押ししてくれたお陰であると深く認識している。中でも李廷江先生、清華大学日本研究中心の皆さん、旧知の藤末健三さん、出版の機会を与えてくれたニュースソクラの土屋直也編集長、岩波書店の伊藤耕太郎さん、杉田守康さん、筆が遅い自分を励ましてくれた三橋規宏さん、コロナ禍の日本で身動きも取れず先の見えない日々を支えてくれた兄弟家族、親戚、前田泰宏君、金刺啓太君、薛静さん、静岡の小林令右さん、内山治夫さん、白井慎平さん、林みどりさん、平野隆一・文代御夫妻、心配しながらも見守ってくれた父親、突然逝ってしまった母親へ心から感謝の想いを届けたい。そして、会うことさえできない日々が長く続いても、常に心にあった政輝と政登の未来が、広く繋がった空の下で眩しく輝くことを祈っている。

小池政就

工学博士、一般財団法人日中イノベーションセンター主席研究員。
東京大学工学系研究科技術経営戦略学専攻博士課程修了、米国ジョンズホプキンス高等国際問題研究大学院修士課程修了。
丸紅勤務、東京大学助教、日本大学准教授、衆議院議員を経て北京へ。清華大学日本研究中心および清華大学五道口金融学院で訪問学者を歴任。
専門は国際関係、エネルギー、技術経営と幅広く、米国・英国でも研究および勤務歴あり。現在はブロックチェーン企業の顧問も務める。
共著に『FTA が創る日本とアジアの未来』(オープンナレッジ)

中国のデジタルイノベーション
——大学で孵化する起業家たち　　岩波新書(新赤版)1931

2022 年 6 月 17 日　第 1 刷発行

著　者　　小池政就
こ いけまさなり

発行者　　坂本政謙

発行所　　株式会社 岩波書店
〒101-8002 東京都千代田区一ツ橋 2-5-5
案内 03-5210-4000　営業部 03-5210-4111
https://www.iwanami.co.jp/

新書編集部 03-5210-4054
https://www.iwanami.co.jp/sin/

印刷製本・法令印刷　カバー・半七印刷

岩波新書新赤版一〇〇〇点に際して

ひとつの時代が終わったと言われて久しい。だが、その先にいかなる時代を展望するのか、私たちはその輪郭すら描きえていない。二〇世紀から持ち越した課題の多くは、未だ解決の緒を見つけることのできないままであり、二一世紀が新たに招きよせた問題も少なくない。グローバル資本主義の浸透、憎悪の連鎖、暴力の応酬——世界は混沌として深い不安の只中にある。

現代社会においては変化が常態となり、速さと新しさに絶対的な価値が与えられた。消費社会の深化と情報技術の革命は、種々の境界を無くし、人々の生活やコミュニケーションの様式を根底から変容させてきた。ライフスタイルは多様化し、一面で個人の生き方をそれぞれが選びとる時代が始まっている。同時に、新たな格差が生まれ、様々な次元での亀裂や分断が深まっている。社会や歴史に対する意識が揺らぎ、普遍的な理念に対する根本的な懐疑や、現実を変えることへの無力感がひそかに根を張りつつある。そして生きることに誰もが困難を覚える時代が到来している。

しかし、日常生活のそれぞれの場で、自由と民主主義を獲得し実践することを通じて、私たち自身がそうした閉塞を乗り超え、希望の時代の幕開けを告げてゆくことは不可能ではあるまい。そのために、いま求められていること——それは、個と個の間で開かれた対話を積み重ねながら、人間らしく生きることの条件について一人ひとりが粘り強く思考することではないか。その営みの糧となるものが、教養に外ならないと私たちは考える。歴史とは何か、よく生きるとはいかなることか、世界そして人間はどこへ向かうべきなのか——こうした根源的な問いとの格闘が、文化と知の厚みを作り出し、個人と社会を支える基盤としての教養となった。まさにそのような教養への道案内こそ、岩波新書が創刊以来、追求してきたことである。

岩波新書は、日中戦争下の一九三八年一一月に赤版として創刊された。創刊の辞は、道義の精神に則らない日本の行動を憂慮し、批判的精神と良心的行動の欠如を戒めつつ、現代人の現代的教養を刊行の目的とする、と謳っている。以後、青版、黄版、新赤版と装いを改めながら、合計二五〇〇点余りの書物を世に問うてきた。そして、いままた新赤版が一〇〇〇点を迎えたのを機に、人間の理性と良心への信頼を再確認し、それに裏打ちされた文化を培っていく決意を込めて、新しい装丁のもとに再出発したいと思う。一冊一冊から吹き出す新風が一人でも多くの読者の許に届くこと、そして希望ある時代への想像力を豊かにかき立てることを切に願う。

(二〇〇六年四月)